EL PERRO
UN AMIGO EN LA FAMILIA
(Animales que sanan)

EL PERRO

UN AMIGO EN LA FAMILIA

(Animales que sanan)

MARIANO GONZÁLEZ RAMÍREZ

Copyright © EDIMAT LIBROS, S. A.

ISBN: 84-9764-317-8
Depósito legal: M-48689-2002
Fecha de aparición: Febrero 2003

Colección: Guía de padres
Título: El perro, un amigo de familia
Autor: Mariano G. Ramírez
Diseño de cubierta: El ojo del huracán
Impreso en: LÁVEL

IMPRESO EN ESPAÑA – *PRINTED IN SPAIN*

¡Hermano lobo, hermano perro, hermana avecilla, hermano pez...! Sólo el que ama de verdad, podrá sentirse unido a la naturaleza entera como un compañero o hermano, porque la realidad es que no somos más importantes que una hormiga o un microbio, somos sólo un eslabón en la larga cadena de la existencia.

PRÓLOGO

¿Qué son los perros? ¡Perros! Cualquier ser humano ordinario que haya recibido educación para sentirse el ombligo del universo, sentirá que el perro es un vulgar animal inferior. «Un chucho». Se crearán expresiones que acusen a los seres humanos de ser como este animal, pero como siempre pasa, son ideas concebidas en las mentes calenturientas para etiquetar o colgar el San Benito a un ser vivo cuya naturaleza y comportamiento son independientes y nada tienen que ver con estos calificativos absurdos. Frases como: *¡Eres un perro! ¡Vida de perros! ¡Perro sarnoso! ¡Eres un podenco! ¡Perro malo...!*, y tantas otras se inventaron para insultar teniendo como base la subjetiva observación, equiparando a este animal como a un humano inmerso en el ámbito social. ¡Ay! Si los perros pudieran entender tantas salvajadas como se han dicho de ellos y tener consciencia para ver la monstruosidad salvaje de los seres humanos.

Pero lo más traumatizante es ver a través de la conciencia del carnicero. Ellos están acostumbrados por su profesión a matar animales y los perros son como los corderos. ¡Qué digo! Ser un cordero tiene una categoría superior al perro porque es rentable; así que este animal para ellos no significa nada, sólo es un ser vivo que se puede sacrificar sin ningún miramiento y a la más mínima que incomode.

Los animales siempre han servido al hombre como alimento, para ser expuestos como trofeos de caza... siempre como algo curioso e inferior. Incluso se les puede insultar, pegar, enrejar... A nadie se le condena por apalear, ahorcar a un perro, o matar a un toro... La insensibilidad del ser humano es extensa y tiempo queda todavía de evolución para que comprendamos el significado que tienen todos los animales.

Aunque la sociedad está cambiando y existe hoy día un rayo de esperanza. Mucha gente a los perros les tiene un especial cariño y... ¿sabéis por qué? Porque son animales afectivos capaces de sanar y llenar el vacío de desamor y deterioro en las relaciones humanas. Estos animales nos aman y nos curan, y sorprendentemente, como todos los seres nobles, se están colocando a la cabeza, convirtiéndose en los primeros en importancia, entre otras cualides, por ser inocentes, nobles y cariñosos. Mucha gente prefiere ayudar a un perro antes que a un ser humano. Y no es de extrañar, ante tantos farfulleros mentirosos... Ante tanta necesidad de verdad y nobleza, a estos animales los vemos como seres limpios e inocentes, que entregan incluso su vida para ayudarnos sin pedir nada a cambio. ¡Tanta nobleza nos cautiva!

Los seres humanos, casi todos, nos hemos vuelto demasiado ruines, egoístas e interesados. El mundo que vivimos cada día es vano y superficial, y nadie espera de nadie un mínimo afecto ni compasión. Nos encontramos infinidad de veces solos, deshumanizados, nadie nos quiere, ni nosotros queremos ya a nadie. En esta situación cuando aparece en nuestras vida un ser afectivo que se alegra enloquecidamente cuando nos ve, nos rompe el duro caparazón insolidario y llega a nuestro corazón. Necesitamos amar y que nos amen, entonces comprendemos que esa inocente e ingenua criatura posee un inapreciable valor emocional en su interior que renueva nuestra vida afectiva. El perro en ese instante adquiere importancia y se convierte en nuestro mejor y fiel amigo. Le hablamos y nos responde moviendo la cola o ladrando. Vibra todo su cuerpo queriendo transmitir lo que siente. No habla con palabras, pero expresa todo cuanto tiene que expresar para pedirnos que le acariciemos o para salir a la calle. Si le hablamos nos entiende abriendo los ojos más de lo normal, moviendo la cola, levantando sus orejas y moviendo su hocico, y siempre mirando a nuestros ojos, tratando de comprender aquello que oye, huele y ve. ¿No os habéis fijado nunca en su mirada penetrante, su fino olfato y su oído tratando de conectar y comprender nuestras actitudes y decisiones? Y cuando pasamos un tiempo sin verlo, ¿no os percatáis de la alegría que siente al vernos? Salta, chilla, se orina de alegría... todo porque siente algo muy especial por su dueño y aquellos que le dan afecto. También, ¿no os habéis dado cuenta de la actitud que tiene con aquellas personas que son frías y distantes: los que poseen el espíritu del carnicero? Con ellos no vibra su potencialidad afectiva. Se quedan mirando pasivos y les rehúyen o incluso gruñen su presencia. ¿Por qué reaccionan así? ¿No nos pasa a nosotros los humanos algo parecido cuando nos encontramos personas indeseables? Es el tufillo que sueltan, y los animales, con la capacidad de percepción que tienen hacia lo que consideran agresivo y les puede causar daño, lo detectan rápidamente.

Un animal que tiene desarrolladas todas estas capacidades no es un ser insignificante: es un ser muy especial.

En este libro voy a tratar al perro como se merece, según mi experiencia y crecimiento consciente enfocado hacia la naturaleza de este animal. Pero no sólo mi punto de vista será motivo para hablar de estos animales, quiero que hablen aquellos que sienten al perro como un diamante de la naturaleza emotiva.

Nunca podré olvidar las lágrimas de aquel hombre que perdió a su perro hace ya algunos años. Por entonces no entendía bien el significado que adquiría el perro para estos seres humanos necesitados de cariño y compañía. Aquel hombre manifestaba que su perro era como un miembro más de su familia y su ausencia le producía un vacío muy grande, similar al hueco que deja un ser humano. Aquel hombre amaba a su perro de verdad y me conmovía, pero... ¿cómo podría entender aquellos sentimientos si por entonces mi alma era insensible como la del carnicero? Tampoco entendí a mi padre y a mi madre cuando lloraron la muerte del «Kiki», un podenco que nos hizo compañía durante muchos años, llenando con su presencia nuestra vida, e incluso nos salvó de muchos peligros. Pensaba que era una exageración sentir tanto por un simple «chucho». Pero me equivocaba, porque ellos habían desarrollado una sensibilidad especial para entender el significado de los perros y de todos los demás animales.

Yo apreciaba a los animales, pero no llegaba nunca a tanto, pensaba que no se podía sentir tanto y que los perros eran sólo eso, simples bichos. Hasta que en mi vida aparecieron «Ponky», «Guerri» y «Seni»: un San Bernardo, un mestizo y una pequeña perrita cocker. Con el tiempo se despertó mi interés por apreciar y conocer el significado de estos animales y volver a los sentimientos de mi niñez cuando los amaba de verdad, jugaba y me sorprendía tanto por ellos. Necesitaba desposeerme de mi importancia vana y de tanta ignorancia, para tratar de captar los mensajes que nos mandan con los ojos, las orejas, los ladridos, el movimiento de sus cuerpos... Conocer el contenido de su interior inquieto, para entender su significado y amarlos como ellos me amaban.

Muchos se sorprenderán al oír que un perro puede amar. Pues sí, los perros nos aman más que los seres humanos. Un perro es como un niño inocente que transmite todo lo que siente, sin filtros ni hipocresía alguna, a todos los seres por igual sin discriminación alguna. Por ese motivo ellos también están ocupando un lugar privilegiado entre nosotros, que hemos sembrado el mundo con la reseca arena de la inmundicia y la deshumanización.

En todos mis libros hago mención a la frase de Jesús: *Los últimos serán los primeros,* y en los animales también se cumple, porque ellos no pertenecen al sucio tinglado del «tejemaneje» que hemos montado: un infierno donde por fin se empieza a valorar un poco todo aquello que hemos destruido por la conveniencia de nuestros intereses.

El cielo y el infierno están entre nosotros, nadie lo puede negar. Así como la deshumanización hiere a los seres que viven amando y creciendo por dentro, los valores ya adquieren un significado inalcanzable para aquellos que han secado toda la esencia del *ser* que nos da alegría y gozo. Es curioso, pero en el infierno los perros son bálsamo para el vacío existencial materialista. Ellos atraviesan las llamas que nos enferman, y muchos se sienten reconfortados al sentir emociones nobles y poder amar a un ser que nunca los va a traicionar.

Te preguntarás: ¿por qué hago mención al infierno y al cielo? Pues muy sencillo, existen, pero no después de la muerte, existen en la vida y todos lo sabemos. El cielo y el infierno son un estado emocional reconocible por la propia mente.

Vivimos en el cielo cuando adquirimos consciencia plena del significado de las emociones nobles y de esta forma nos cuidamos de no perderlas transfiriéndolas a nuestros semejantes y a la naturaleza entera. Al tener conciencia de su importancia vivimos con ellas comprendiendo que el gozo de vivir depende de lo que sentimos por dentro como algo muy importante, un tesoro que hay que cuidar y expandir.

El infierno en cambio lo construimos con la destrucción y la falta de conciencia de las emociones nobles. Inmersos en la ignorancia y en nuestros intereses egoístas, producimos continuos accesos de ira, envidia, resentimientos, soberbia, odio... Creamos el vacío de sentimientos del gozo. Donde hay ira y odio no existe el amor, la bondad, ni la ternura. No es fácil de entender cuando todo en nosotros se mezcla sin orden ni concierto. En cambio, cuando somos capaces de darnos cuenta del valor que tienen las emociones nobles remontamos el vuelo hacia la luz, como se le ha llamado siempre al lado claro del ser humano.

El cielo, el infierno; el lado oscuro y la luz; el ángel y la bestia... son denominaciones de la dualidad que llevamos dentro.

En los hogares de hoy día el lado oscuro, el infierno, las malas bestias... empobrecen las relaciones entre pareja; entre padres e hijos... La ira, los resentimientos, la envidia, la soberbia, la depresión... son los componentes nocivos que están destruyendo la armonía familiar. Son muchas las causas que provocan este desaguisado y al final todos somos víctimas de la ignorancia. «¡Si alguien nos hubiera educado para saber cómo somos por dentro!», decimos cuando ya no hay remedio. ¡Pero si nos educaron! Lo que pasó es que no comprendimos muy bien. Todo fue un follón. Aquello de ser bueno o malo para ganar el cielo o condenarnos en el infierno, muchos lo desechamos como algo irreal. Nos entretuvieron demasiado con el cielo y el infierno de después de la muerte y olvidaron que esos estados vivían con nosotros, formando parte de nuestra vida desde que fuimos engendrados.

La educación religiosa no supo alfabetizarnos emocionalmente para saber el orden y la destrucción que unas emociones y otras producen en nosotros. Al final todo fue un grandísimo lío y tiramos la casa por la ventana. El hogar se hizo un desierto y como consuelo a tanto sufrimiento, los seres humanos fuimos incorporando a nuestras vidas animales menos dañinos que los humanos. Los perros sirvieron de consuelo a muchos padres e hijos enfrentados. El carácter noble de este animal penetró en las emociones nobles de los humanos y ahora ellos sirven de terapia para los desconsolados corazones atrapados por el signo grotesco y violento de los tiempos que corren. ¿Hasta cuándo durará esta moda de incorporar un perro a nuestras vidas para proyectar nuestras frustradas emociones en él? ¿Cuando la humanidad vuelva a ser más alegre y equilibrada, habrá en nosotros también un signo evidente y duradero de evolución hacia la globalidad natural?

Deseo ayudaros a comprender que la naturaleza entera está dispuesta a ser nuestra aliada para sanarnos el cuerpo y el alma. No es vana nuestra existencia, ni tampoco todo lo que nos rodea. La luz del sol ilumina y todo lo transforma. Las flores se cierran en la oscuridad, pero cuando les da la luz del sol se abren, y pasando un tiempo se despliegan sin oponer resistencia y así es todo. Cuando comprendamos que nuestra vida está conectada al orden natural, podremos nutrirnos de todas las acciones positivas del universo, porque él posee el poder de organizarlo todo. Los animales, las plantas, el sol, la oscuridad, la lluvia, el frío, el calor, la gravedad... todo esta ejerciendo en nosotros su influencia y además la que ejerce la mentalidad de los seres humanos causa sugestiones constructivas o destructivas.

«Vivimos en un mundo mental donde *nuestros pensamientos, nuestras palabras y nuestras obras, son hilos de la red con que nos envolvemos a nosotros mismos. Nuestra alegría y el gozo de ser libres depende del todo absoluto.*» (Swami Vivekananda).

Por eso debemos tener sumo cuidado y respeto con la naturaleza y muy especialmente con los animales que están cerca de nosotros y nos sirven de alegría para desarrollar una vida sana.

EL AUTOR

Figura 1.—*Iván y «Seni»*.

CAPÍTULO I

ANÁLISIS PRELIMINAR PARA ENTENDER Y AMAR OTRAS FORMAS DE VIDA

Sólo cuando somos capaces de entender la mirada de un perro y sabemos captar lo que nos transmite, podemos comprender que ese ser vivo que nos acompaña es semejante a nosotros en muchos aspectos. Llegando a ese nivel, podemos entender la seriedad y la verdad profunda del trabajo continuo y responsable de creación que la naturaleza, desde el inicio de su existencia, lleva consigo. Comprender que los animales y la creación entera son algo muy diferente de lo que pensamos y podemos apreciar a simple vista, es como empezar a caminar para sorprendernos del milagro maravilloso de la existencia. Porque sabemos muy poco, todo está por descubrir y acabamos de empezar a conocer el mundo en el que vivimos y el universo que nos envuelve. Y realmente es imposible que los seres humanos puedan llegar a entender todo el proceso.

Un perro encierra en sí mismo todo un mundo particular y es la consecuencia de millones de años de evolución. Cuando miramos al perro o a otros seres vivos tendríamos que mostrarnos humildes ante tanta belleza y perfección. Pero no suele ser así, porque no sabemos apreciar ni amar de verdad a los animales. Muy pocas personas saben ver y sentir como algo extraordinario las maravillas naturales.

Admiración por los cacharros

Con mucha frecuencia nos asombramos más de los cacharros inventados por nosotros que de las maravillas naturales. Visitamos las ferias de ordenadores y maquinaria y quedamos boquiabiertos, admirando todo lo que el hombre ha podido construir.

Tiene su importancia, no se le puede negar, pero sin embargo, no tienen ni punto de comparación todos sus inventos, con las maravillas naturales. Y seguimos creyendo vanamente que somos lo mejor de lo mejor, y así se marchitan muchas capacidades con las que poder sorprendernos, para ver que en verdad todo es un frágil milagro.

¿Qué es realmente lo que está pasando en los cerebros humanos para producir tanta incapacidad? ¿Cuál es la causa que nos produce tantas alteraciones que evitan poder sorprendernos ante la maravillosa existencia? Un ordenador o un brazo de robot es objeto de alabanza. Acapara la atención de niños jóvenes y adultos como algo excepcional y sorprendente ¡Qué ridículo! ¡Y qué falta de sensibilidad para poder contemplar aquello que realmente puede ser admirado! Un pájaro, una hormiga, *un perro*... son creaciones perfectas. La creación es perfecta y sin embargo no sabemos observar, ni apreciarla, para hallar en ella su profundidad.

La sensibilidad atenta para contemplar

La contemplación de las maravillas naturales es como hablar en términos de santidad y, por tanto, para muchos es una banalidad. Ya no está de moda profundizar en nada. «No te pongas profundo», dicen algunos cuando se les habla con un poco de precisión de las cosas. ¿Será verdad que nos estamos volviendo idiotas?

Los místicos podían y pueden contemplar el interior y el exterior. Es verdad que esos hombres y mujeres, desde su profunda sensibilidad humana, consiguieron y consiguen conectarse

con la esencia natural desde un fondo de rique-
za emocional, limpia de emociones viles. Ellos
aprendieron a ver y admirar tantas maravillas in-
ternas y externas. Crecieron por dentro, desarrollando sus sentidos para percibir las profundas riquezas que se ocultan a simple vista.
Fueron y son hombres y mujeres que no se de-
jaron embaucar por las vanas tendencias de la
mayoría aborregada. Demasiados zoquetes, lis-
tillos, cortos de miras y estúpidos han pasado por
el mundo considerando a la sensibilidad como
un síntoma de debilidad y no como una capacidad que sirve y hace bien, para que nuestros

Figura 2.—*Susana y «Seni»*.

sentidos se percaten de lo que tiene auténtico valor. Los seres humanos hemos perdido demasiado. Al final seremos tecnológicos pardillos, enganchados a nuestros inventos: ciegos para apreciar los verdaderos tesoros que encierra la vida. Si no tomamos las riendas y el camino de la conciencia sensible, nos volveremos incapaces de sentir el extraordinario encanto del mundo en el que hemos nacido. En nuestro cuerpo y nuestra mente reside el conocimiento de generaciones anteriores. Nuestros antepasados nos legaron la felicidad, pero también el dolor, la ira y la ignorancia. Romper con todo y nacer a una nueva vida, es algo que se hace desde la conciencia misma de la ceguera. Creo que la época actual es ciega, miserable, ridícula y pobre. La mediocridad la encontramos a la vuelta de la esquina. En los rostros y las palabras podemos descubrir la deshumanización. ¡Pobres seres humanos! ¡Pobres estúpidos, incrédulos... faltos ya del potencial necesario de fe para creer en aquello que no conocemos y empero es el motor de la existencia! Nos hemos hecho excesivamente cómodos, mercantiles e inútiles. Sin embargo, aquellos que aman a los animales son hombres y mujeres muy sensibles, emancipados al engaño y la soberbia humana. Son seres que luchan por adquirir una nueva conciencia de su existencia. Una forma de ver y sentir más allá de los razonamientos lógicos de cálculo y control. Son seres que sienten y saben que las emociones nobles se acercan mucho más al corazón de la naturaleza y luchan por desarrollarse en la dimensión del conocimiento, haciendo caso omiso a las llamadas insensibles de la superficialidad.

El valor del perro

Cuando sabemos apreciar a un perro y entendemos que debajo de su piel late un corazón como el nuestro; que tiene unos pulmones para respirar; un hígado, unos riñones, lengua, ojos... y un cerebro que funcionan al máximo rendimiento y de una forma semejante al nuestro, comprendemos que ellos, los animales, son muy semejantes a nosotros. ¿Y qué tenemos nosotros que no tengan ellos?: comen, defecan, orinan, emiten sonidos para comunicarse, tienen memoria, demuestran un tipo de inteligencia para tomar sus propias decisiones, emociones... Se alegran, entristecen y en muchas ocasiones enloquecen igual que los seres humanos. Cuando entendemos que estos animales se hacen propietarios de un espacio vital, defendiendo lo suyo, como el lugar que la existencia les ha otorgado para vivir; cuando comprendemos que nosotros los seres humanos somos animales como ellos, e incluso mucho más salvajes y siniestros, en muchísimos aspectos, empezamos a entender algo más de la superioridad de estos simpáticos animales que nos hacen la vida más agradable. Quizá en ese momento, sintamos admiración al contemplar desde nuestra humildad a un ser vivo, compañero y amigo, más que al despreciado «chucho» etiquetado, peyorativamente, como animal irracional.

Humanos pensantes y prepotentes

Parece como si la razón fuera sinónimo de prepotencia, una cualidad aparentemente suprema de la que, supuestamente, carecen todos los demás seres vivos. El ser humano, por el simple hecho de ser racional, se cree superior con respecto a todos los demás seres vivos. ¡Qué engaño e ignorancia asumir un poder inútil que nos degrada a ser imbéciles e ignorantes, cuando la brutalidad más violenta nace, multitud de veces, de la racionalidad sintética de cerebros monstruosos.

¿Desde cuándo el ser humano pensó que era el ombligo del universo? Desde que se sintió capaz de someter a toda la creación a sus pensamientos y a sus turbias acciones. Claro que, como todo, es un exceso de imaginación vana. Está claro que nuestro cerebro es muy potente, pero toda nuestra capacidad carece de importancia cuando nuestra forma de ser cae en el gran error del terror de la soberbia y la ignorancia. Cuando nos educan al margen de la naturaleza y nos dicen que somos los reyes de la creación, ya nos sentimos coronados de vanidad y mentira, y ahí empieza un largo camino que no lleva a ninguna parte y que en algún momento tendremos que desandar. Como la mayoría de las historias inventadas de los seres humanos... *¡es mentira!*, no somos reyes de nada, sólo somos, y esta es la realidad, ciegos incapaces de comprendernos ni tan siquiera a nosotros mismos. Somos una especie privilegiada que se ha extendido como una plaga por el planeta, destruyéndolo todo a su paso, con una capacidad insensible sin precedentes. Somos animales mucho más malos que las peores bestias salvajes. La realidad la estamos viendo ya por fin en las películas y en la televisión. La bestia inhumana es superior a la de cualquier animal: nos salimos de la raya y de las reglas. Es bueno que nos veamos en toda la dimensión monstruosa y maldita, para que sepamos compararnos con nuestros compañeros de viaje: los demás animales. Mientras que ellos existen y sobreviven sin tanta importancia vana, nosotros damos la nota, y la verdad es que tenemos que aprender que no somos más importantes que un pájaro, un perro o una hormiga, porque cuando nos creemos importantes cerramos las compuertas del conocimiento y ello es síntoma de ignorancia y mala educación. La vanidad ciega a la razón y al corazón y nos hace «peleles» incapaces de avanzar hacia la objetividad.

Despertar

Hay síntomas de que por fin estamos despertando. Mucho esfuerzo nos ha costado tomar en serio nuestras equivocaciones, pero viendo las grandes diferencias existentes entre el reino animal y nosotros, autoanulados de ese reino por imaginarnos ser los reyes de la creación, se me antoja pensar que llegó la hora de contemplar nuestra estúpida arrogancia y nuestras necedades. Ya por fin somos muchos los que estamos depertando para observar de cerca la vida de nuestros compañeros los animales. Todavía en número somos muy pocos, pero llegará el día en que seamos mayoría.

Nos causa sorpresa el equilibrio que ellos tienen y lo desequilibrados que estamos nosotros.

¿Por qué se dan estas diferencias? ¿Quién tuvo la culpa de la degeneración de la especie humana? ¿Por qué desarrollamos tantos defectos en comparación con los pocos que encontramos en nuestros hermanos los animales? ¿Es verdad que seamos más inteligentes que ellos? No puedo creerlo, porque somos los seres más grises y desgraciados del planeta, al ser víctimas encarceladas de nuestra propia estupidez.

Menos mal que, por fin, estamos tomando conciencia objetiva para entender la verdadera dimensión de la existencia. Cuando empezamos a comprender que no somos más importantes que una hormiga, llega el momento del auténtico conocimiento, y desde ahí se desarrolla una nueva apreciación hacia la naturaleza entera. Entender que somos insignificantes, es empezar a ser humildes, y una vez que llegamos a ese punto, podemos comprender nuestra naturaleza. Como existe la luz, existe la oscuridad. La humildad y la soberbia son el lado claro y oscuro. El uno nos abre las puertas al conocimiento, el otro nos cierra toda posibilidad para comprender. ¡Qué cosas!, ¿verdad? Y no somos capaces de entenderlas porque estamos demasiado distraídos por la continua distorsión de nuestros impulsos vanidosos. ¿Por qué somos así? ¡Tan tercos...!

Espejismos mentales

En el momento que se comprende que formamos parte de todo el universo, ni más ni menos que un mosquito o una hormiga... empezamos a entender y valorar, e incluso comenzamos a sorprendernos por todo, porque nos incorporamos a la verdad de un mundo que siempre existió de esa manera.

Apartados los espejismos mentales, ya somos capaces de ver la realidad. Es como retornar de nuevo a lo esencial: al paraíso perdido, donde los seres vivos no se adornan ni incorporan a sus vidas falsos egos, ni títulos, ni medallas como premios... no se dan importancia, porque son lo que son sin engaños. En la naturaleza se vive de otra forma, con el movimiento de un inmenso engranaje con sentido preciso. Los colores y las formas tienen un objeto y su conducta es consecuencia de un auténtico valor adquirido para la supervivencia y el equilibrio. Nosotros, en cambio, le damos un autobombo a todo lo que hacemos, revistiendo de mentira y de maldad nuestra existencia. Nuestra historia es pintoresca e inaudita y son las elites vanidosas las que causaron y están provocando daños a la auténtica naturaleza de la que esencialmente estamos construidos.

Figura 3.—*Iván y «Seni».*

La historia está llena de protagonismo, con todo tipo de datos y detalles, y sin embargo, ningún animal tiene proceso histórico. No dejan huellas de su existencia. Pasan inadvertidos, sin perjudicar en lo más mínimo al equilibrio natural. Aunque se coman los unos a los otros, mostrando su necesidad vital, nunca provocaron graves alteraciones en su medio. Siempre hubo algo misterioso en su profunda naturaleza, a lo que todos escuchaban y obedecían sin necesidad de mandamientos. Pero nosotros nos salimos de la regla. También somos devoradores implacables de todo: peces, aves, mamíferos... en nuestras finas cocinas nos comemos a todo bicho viviente y lo peor es que no nos damos cuenta. Mientras saboreamos finamente un esplendido filete, no se nos ocurre pensar que aquello es un animal y que estamos devorándolo, con el mismo apetito que un cocodrilo devora a su presa. Nos sorprendemos cuando vemos cómo un cocodrilo engulle en sus fauces a otro animal, o un león caza y descuartiza a una gacela... ¡nos horrorizamos al ver tanta salvajada! y no somos conscientes del destrozo que provocamos, y lo fina y vanidosamente salvajes que somos. Las pieles que la vanidad engalana a muchas mujeres y hombres, ¿de dónde vienen? ¿De dónde vienen los filetes de carne?

De la tierra y el mar están desapareciendo especies enteras víctimas del más temible y egoísta depredador: el hombre. Pero esto es otra historia. Otro libro que hay que escribir para aprender a ver en toda su extensión al autoproclamado y esquizofrénico rey de la creación.

Entre los seres humanos, por fin, hay claros indicios de conciencia de la realidad y de la situación que padecemos. Los espejismos mentales en algunas personas van desapareciendo para sentir la realidad desde una perspectiva sensible.

Muchas familias adquieren animales que cuidan con todo amor, y los perros son los que más se han adaptado a la forma de ser humana, sirviendo de ayuda y consuelo para muchos.

Figura 4.—*Susana y «Seni»*.

CAPÍTULO II

LOS PERROS SANAN

Las personas mayores adquieren animales de compañía. Marta, de setenta y ocho años, y Esteban, de ochenta y dos, se encargan de cuidar a «Ben», un cocker de un año y medio. Es simpático y cariñoso, y siempre tiene un plato de comida y un cuenco de agua fresca. «Ben», a su vez, da alegría y equilibrio anímico a esta pareja que ha pasado momentos difíciles por la muerte de una hija. Marta recuerda cómo su perro se acercaba a ella en los momentos de mayor depresión.

—Es como si viniese a consolarme —explica Marta—; cuando me ve llorar, me mira fijamente y aúlla como queriendo decirme algo. Le llamo y viene a mí y me da su patita o me lame la mano. Antes de morir mi hija parecía presentir el trágico desenlace. No se apartaba de su cama y teníamos que sacarlo de la habitación porque aullaba mucho. Daba la sensación de llorar. Cuando murió ella, el perro pasó varios días sin comer y estaba nervioso. No sé qué misterio encierran estos animales, lo que si sé es que son capaces de anticiparse a los acontecimientos.

—¡Es una pena que muchos tengan perros para martirizarlos y pagar todas sus amarguras con ellos! —dijo Esteban acariciando a «Ben»—. Como hay gente con tantos problemas y están incomunicados con la gente, se refugian en los animales para tener un poco más de compañía. Pero los hay muy malos y egoístas. Otros... bueno, hay muchos tipos de necesidades. Nosotros necesitamos a «Ben» porque le queremos mucho y más faltando nuestra hija, aunque ella es insustituible. Este perro ahora es joven; cuando, dentro de algunos años, se muera le echaremos mucho de menos.

—Bueno, todavía faltan muchos años hasta que se muera. ¡Hombre! Estos perros duran diez años por lo menos. Je, Je —dijo Marta tratando de disipar el cenizo que Esteban inconscientemente había echado sobre el inocente perro.

—Bueno, bueno, que dure eso es menester, que dure, porque la verdad sea dicha, lo necesitamos mucho.

—Este animal sabemos que nunca nos fallará. Siempre nos recibirá con alegría... Por eso nosotros somos amables y buenos con él. Y además tratamos de descubrir facetas increíbles que no se ven a simple vista. ¡Cuántas personas quisieran tener la inteligencia de estos perros! Antiguamente, cuando una mujer daba a luz y tenía abundancia de leche, suponía un peligro grande para la madre. Se cogían infecciones en el pecho. Como por ejemplo a mi madre, le tuvieron que cortar un pecho, porque, por la abundancia de leche que tenía, y no le salía como Dios manda... se le infectó. Entonces, yo no sé quién inventaría esto de los animalitos. Se recurría a alguien que tuviera una perrita con cachorrillos y uno de éstos se le dejaba que mamara para sacarle la leche. Esto evitaba que se infectara el pe-

Figura 5.—*«Ben», el cocker.*

cho. Ya ves, estos animalitos sirven para beneficiar incluso así a otras personas. Esto pasó en mi familia. Luego, a estos animales les tomaba un cariño... Por desgracia, aquel perrito se asomó al balcón, se cayó y se reventó. Un perro blanco precioso. Nos quedamos con una pena que... no veas. Después, en vida de mi abuela, teníamos en el campo una perra galga. Se llamaba «Bala». Le pusimos este nombre por lo rápida que era. Pues esta perra tenía costumbre de irse muchas veces a la esquina de la casa de mi abuela y empezaba a aullar, y mi abuela le decía: «Vete, vete...»; el animal la obedecía, se marchaba y después regresaba. Regresaba y... aúlla que te aúlla, y mi abuela decía que presentía algo. Que iba a suceder algo. No sé, son supersticiones o lo que sea, pero ella pensó que

Figura 6.—*Cachorritos.*

iba a fallecer una mujer que se llamaba Juana, que vivía cerca de su casa. Porque decían que cuando aúllan los perros así con tanto afán pues... es que va a pasar algo. Y resulta que a la pobre Juana, esa señora que estaba tan mala, pues no le pasó nada y resultó que se murió ella. Desde entonces yo les tengo un respeto y una admiración que no lo puedo remediar. Será casualidad o lo que sea, pero... cuando aúllan de esa forma parecen que anuncian algo. Una cosa es llorar y otra aullar, y esta perrita anunciaba algo que no era bueno para nosotros. En mi familia siempre hubo muchos perros. Luego tuvimos otro que se llamaba «Granuja», de lo listo que era. Ese era agradecido al máximo y cuando alguna vez enfermó mi padre, se ponía muy triste. Me acuerdo que una vez estuvo en el hospital y cuando volvió a casa pues fueron a visitarle muchos amigos. Aquel día la casa estaba llena de gente. Cuando el perro olió que había vuelto su amo, ¡buf!, saltó corriendo, subió las escaleras de dos en dos peldaños y se abrió paso entre el personal. Mi padre estaba sentado en la cama, saltó a sus piernas y le lamió las manos y la cara con un cariño... Mientras, hacía unos sonidos como diciendo: «¿Dónde has estado? ¿Dónde has estado?». Tuvimos otros que se llamaban: «Palomo» y la «Marquesita». Ésta era una perrita que acompañaba al pastor que tenía mi padre. Era una miniatura de perrita. Una cosa muy pequeña —Marta indica con las manos el tamaño de la perra—, pero dominaba el rebaño de ovejas. Tan pequeña como era, se sentaba tranquilamente, y todo el ganado que había allí estaba guardado por ella. Cuando se alejaba una oveja, el pastor le decía: «"Marquesita", ¡hala! ve a por aquella rezagada», y la traía de nuevo al rebaño. Todo estaba ordenado por esta perra. Una cosa tan pequeña y fíjate qué trabajo tan importante desarrollaba. Yo no sé la cantidad de ganado que tenía mi padre, pero eran muchísimas ovejas, y ahí la tenías a ella cumpliendo su misión con toda su responsabilidad. Porque aquello, no me digas tú a mí, la atención que ponía para que ninguna oveja se escapara, era un trabajo de responsabilidad. Todos los días de su vida cumplió a rajatabla con su trabajo. ¡Qué linda y buena era la «Marquesita»! Pero no solamente estaba al cuidado de las ovejas, también se encargaba de los cochinos y de las cabras. Bueno, bueno... «Palomo» era un sinvergonzón porque éste, cuando nos descuidábamos, se metía por una cañería que desembocaba en el gallinero y se comía los huevos de las gallinas. Cuando nos veía, se arrastraba y agachaba la cabeza como diciendo: ¡Pero qué he hecho yo! Hasta que mi padre tuvo que coger un huevo caliente y se lo puso en la boca para que se le quitara esa manía. Así se corrigió. Pero luego, pasaba una liebre o un conejo... ¡Madre mía!, ¡cómo corría! Un día fuimos tras él porque iba detrás de una liebre y se coló en la finca de un tipejo que era más malo que el sebo, y el buen señor se quedó con la liebre porque decía que era suya. El perro se saltó la pared y le ladraba como diciendo: ¡No! ¡Esa liebre es mía! Desde ese momento le cogió una manía que no podía verle pasar por la finca.

—A mí me sorprendía una noticia hace tiempo —dijo Esteban—. Resulta que en un piso descubrieron a un hombre muerto. El perro parece ser que estuvo ladrando todo el tiempo avisando de que allí pasaba algo; cuando la policía descubrió el cuerpo del hombre, el perro saltó por la ventana de un sexto o séptimo piso. ¡Qué curioso!, ¿verdad? Se conoce que el animal pensó, digo yo que estos animales piensen algo, ¿no? Bueno, pues pensaría que como su amo estaba muerto lo mejor era quitarse del medio. Estos animales son increíbles y no nos damos cuenta de ello. Pasan su vida entre nosotros y no somos capaces de valorarlos como se merecen —dijo Esteban con la conciencia de saber el valor inestimable que tiene este animal que indudablemente es el mejor amigo del hombre.

Esteban y Marta estaban encantados con «Ben»; este perro se lo proporcionó *Mensajeros de la Paz, que regenta el teléfono dorado, cuyo objetivo es facilitar, de forma gratuita, perros adiestrados a ancianos solos de bajos ingresos. El objetivo es aprovechar los efectos beneficiosos que el contacto con los animales provoca en el ánimo de los mayores, que, al empezar a sacar a su perro a pasear, comienzan a abrirse a nuevas relaciones, pero la misión de estos perros no será sólo hacer compañía. Tam-*

Figura 7.—«*Ponki*».

bién estarán adiestrados para hacer frente a situaciones de riesgo que padecen los mayores; por ejemplo, dejarse el gas encendido. Cuando uno de ellos huela a gas o a fuego avisará al anciano.

La experiencia se ha ensayado además en la residencia que «Mensajeros» regenta en Santa Engracia (Chamberí). Allí, desde el pasado mes de septiembre, viven «Romeo» y «Julieta», dos crías de labrador que se han metido a los mayores en el bolsillo y sirven de terapia para los ancianos con mayores discapacidades.

La directora del centro, Angela Díaz, explica que la presencia de los animalillos estimula a los mayores inválidos y sirve de solaz y tema de conversación para otros que, aunque se defienden, sufren a menudo depresiones por vivir en la residencia.

«Romeo» y «Julieta», a quienes otros ancianos querían llamar «Clinton» y «Lewinsky», serán adiestrados cuando cumplan los seis meses y después se entregarán a ancianos que los precisen.

Todos los perros de este programa se criarán en una finca, que está en construcción, con capacidad para 28 animales.

Los canes, de la raza labrador y golden terrier, las mismas que se utilizan como perros-

guías para los ciegos por su carácter noble y apacible, los facilita la Fundación Purina o los adquiere la asociación «Mensajeros». Del adiestramiento de los animales se encarga una brigada de la Guardia Civil experimentada en ese campo. («El País», 16-1-99.)

CAPÍTULO III

PARA TOMAR CONCIENCIA DEL RESPETO Y LA IMPORTANCIA QUE TIENE NUESTRO PERRO

Muchas veces, mientras lavaba a mi perro, me sentí superior a él. Lo dominaba. Al recibir el chorro de agua de la manguera permanecía inmóvil y pendiente de mí. Si intentaba sacudirse el agua le daba un golpecito en el lomo y ya sabía que no debía hacerlo. Me acuerdo de «Ponky», un San Bernardo gigantesco que tuve hace años. Me sorprendía su aparente mansedumbre. Pensaba que, con toda la agresividad que puede desarrollar un animal de estas características, podría rebelarse; empero, permanecía inmóvil y manso, mientras le enjabonaba y aclaraba su pelo. Todo su potencial inhibido se ponía en mis manos dejándose lavar. Esta actitud me producía muchos pensamientos en mi categoría animal dominante. Si hubiera querido le habría maltratado. Entonces... ¿aquel animal seguiría mostrándose manso? No. «Ponky» no, pues ya me enfadé con él alguna vez y al instante me gruñó, tratando de afirmar que allí dentro y bajo su piel se escondía su maquinaria biológica y emocional dispuesta a mostrarme su colera, indicándome que le debía respeto o, de lo contrario, podría defenderse con toda fiereza. A modo de aviso su cuerpo se pondría tenso y como suele ocurrir en estos casos me enseñaría los dientes con el único propósito de amedrentarme para dejarlo en paz. «Ponky» aguantaba todo si le trataba bien, y ante tal nobleza sentía profundo respeto. Sabía que en un estado alterado de ira, mi mala bestia se sentiría superior y quisiera o no aquel animal tendría que sucumbir a mi superioridad. Tomé conciencia de que somos animales dominantes y utilizamos a menudo gestos, diversos tipos de voz... para mostrar a este animal, que el que manda es el dueño y tiene que obedecer. Y lo entiende. Y se somete noblemente a aquel que le atiende y le da de comer. Se necesita mucha humanidad para tratar con sumo respeto y cuidado a un animal de estas características.

«Ponky» era la alegría de mis hijos. Ellos reían y jugaban con él. Cuando fue un cachorrillo, nunca podré olvidar la alegría que sentían mientras jugueteaban en el césped. Sabía que esta conexión les sanaba y dejaría en ellos una huella imborrable para amar a los animales, que en muchos aspectos eran como ellos: tiernos niños juguetones, y a la vez mis hijos se mostraban como tiernos cachorrillos alegres y llenos de vida. Muchas veces me sorprendí cuando pude comprobar la humanidad que estaban desarrollando. Cuando me enfadaba y quería quitar del medio a tanto perro por el trabajo que daban, mis hijos me decían: «¡Papá, ten presente que es una vida!», queriendo hacerme consciente de lo importante que eran para ellos estos animalitos.

Después vino a nuestra casa «Guerri», un mestizo perdiguero, alegre y juguetón, de un mes de vida. «Ponky» y «Guerri» se olisquearon du-

Figura 8.—«*Guerri*».

rante un instante y desde ese momento se hicieron dos buenos aliados. Crecieron juntos y entre ellos hubo sus más y sus menos, hasta que cada cual asumió su papel. Como siempre, el más fuerte es el que manda; el San Bernardo asumió defender el territorio que les pertenecía a los dos y cuando «Guerri» ladraba valientemente, «Ponky» lo apartaba de ese lugar, que tenía asumido como suyo y del que era responsable.

«Ponky» se hizo enorme, un San Bernardo con todo el peso de su raza y «Guerri» alcanzó una talla mediana. Y así empezaron a vivir.

El vecino de la casa adosada tenía un samoyedo llamado «Claus»; se olisquearon y se hicieron buenos amigos. Un día, al llegar a casa después del trabajo, mis perros habían escarbado por debajo de la tela metálica y se colaron en su terreno. Los tres disfrutaron de un día espléndido de amistad mientras mi vecina no se atrevía a salir de casa por miedo al San Bernardo.

Anécdotas tengo muchas y todas muy agradables, menos una que estuvo a punto de costarme un grave disgusto. Resulta que había unos niños vecinos que, a través de las rejas de la cancela, se entretenían en rociar a los perros de espuma, utilizando para ello unos pulverizadores. Eran niños graciosillos e irrespetuosos bromistas. Un día me disponía a darles un paseo por el campo llevándolos atados cuando de improviso se me escapó «Guerri»; «Ponky», al verlo correr libre de ataduras, se descomponía ladrando. En ese momento acertó a pasar por su lado uno de esos gamberretes y con tan mala fortuna que el perro se fue hacia él y le dio una dentellada en el brazo. Le hizo sólo unos arañazos, lo justo para avisarle que se la tenía guardada. No fue nada. La madre del niño llevó rapidamente a su hijo al médico y me pidió el libro de control de vacunación.

—Lo siento mucho. No he podido evitarlo —le dije muy preocupado. Ella tenía un pastor alemán y amaba mucho a los animales. Tuve suerte de no encontrar a un cardo borriquero inhumano que desde luego me hubiera denunciado sin remedio. El médico le dijo que para haber sido el bocado de un San Bernardo no era mucho. Que si el perro hubiera ido a morder de verdad, habría sido más serio el asunto. ¡Qué disgusto! Desde entonces nunca más rociaron de espuma a los animales.

Esta es la única anécdota desagradable que tuve; todo el tiempo restante fue de lo más normal. Mucho trabajo, desde luego, porque tener perros implica mucha responsabilidad por todos los cuidados que hay que tener con ellos, y sobre todo en verano, con el asunto de las garrapatas. Las verdad es que nos complicamos la vida. Yo pensaba de forma muy diferente a como pienso ahora. Creí que con sólo darles de comer a los animales ya era suficiente. Pero no, si eres un poco sensible y humano te das cuenta de que necesitan mucho tiempo, dedicación y cariño. Es algo parecido a tener una planta: si no la riegas, se seca. A los animales, si no los sacas, los lavas, juegas con ellos... al final lo que tienes en casa, en el patio o en la parcela... es un preso que molesta con sus ladridos, y el perro se resiente. Yo tenía la ventaja de vivir en el campo y los dejaba libres para correr y cazar, porque en el monte de Boadilla hay conejos y... alguna vez cogieron una liebre.

«Ponky» murió en 1991 y lo enterramos en el monte de Boadilla. Fue por culpa de la picadura de un mosquito que le transmitió una enfermedad incurable. Murió y nos dejó un vacío muy grande. El veterinario tuvo que ponerle una inyección letal porque su cuerpo se iba cubriendo de llagas por momentos. Nada más inyectarle el veneno mortal, duró unos segundos. El animal caminó unos pasos y cayó fulminado. Lo enterramos mi hermano Manuel y yo entre un grupo de encinas, y allí reposan sus restos.

«Guerri» todavía vive. Le pusimos ese nombre porque ya desde pequeño era muy inquieto y juguetón, y más de una vez tuvimos que ir al veterinario porque se comía todo lo que encontraba en su camino.

Ahora tiene trece años y sigue dando problemas, pero no es culpa del perro, sino más bien mía por dejarle suelto. Prometo muchas veces sacarlo por la mañana y por la noche un rato, pero al final caigo en un razonamiento que me convence, y es que este perro se acostumbró desde bien pequeño a estar en libertad por las condiciones naturales del lugar donde vivo y le dejo suelto todo el tiempo que él quiere. Muchas veces tarda en venir algunos días. No sabemos dónde se encuentra, y el día menos pensado aparece tan campante, sano y salvo, o con alguna dentellada de alguna pelea que ha sostenido con otros perros.

«Guerri» es muy dócil, yo digo siempre que si existe el cielo, irá de cabeza allí, pero teniendo siempre como enemigos a los perros machos. Es bondadoso con los niños y nada egoísta, si se puede hablar así de un perro que nunca gruñe ni se muestra agresivo cuando tiene un hueso. Pero tiene un defecto muy grande: no soporta a los perros machos y adultos. Si se trata de un cachorrillo, se le nota una actitud de superioridad por el hecho de ser él ya perro viejo. Es como si se dijera: «¡Donde vas chaval!, ¿no ves que yo tengo más años y experiencia que tú? Te voy a dejar tranquilo, porque tú a mí no me llegas ni a la altura del betún. No merece la pena pelear contigo porque todavía no hueles a perro-perro y no me produces descargas de adrenalina. No eres mi competidor con las perras. Así que ya tendremos tiempo de vernos cuando cumplas años, colega. Después, te enterarás de cómo son de duros mis dientes.»

El pobre yo creo que casi siempre se llevaba las dentelladas por no tener conciencia de su volumen físico. En el momento que se encuentra con algún perro adulto, sin importarle el tamaño, va a por él.

Se revuelve por dentro su agresividad y ataca, produciendo reacciones que muchas veces

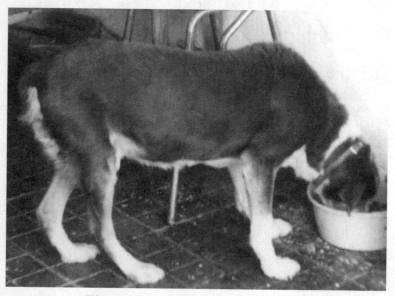

Figura 9.—*«Guerri» comiendo.*

Figura 10.—«*Claus*».

le han ocasionado profundas heridas. Yo creo que esta actitud la aprendió de «Ponky», porque el San Bernardo en sus andanzas, y una vez que se hizo consciente de su envergadura, tomó la venganza por sus dientes. Recuerdo cómo, de cachorrillo, había un perro instigador que le atosigaba continuamente; cuando fue adulto, nunca podré olvidar su victoria sobre aquel animal, y desde ese momento, siempre fue con el rabo levantado y enroscado en señal de poderío. «Ponki» era un perro grande y se podía permitir ir de chulo por la vida, pero «Guerri», un perro mediano... Yo creo que se contagió del volumen de su compañero y se sintió por dentro con mucho poderío e incluso, desde ese momento, fue incapaz de medir el tamaño y la agresividad de sus posibles adversarios. Se engañaba y... ¡cuántas dentelladas he tenido que curar con antibióticos! Pero repito, la culpa es mía por dejarle suelto por la zona. Todavía no he madurado en responsabilidad canina.

CAPÍTULO IV

EL PERRO NOS AYUDA
A SER MÁS HUMANOS

Hoy «Guerri» está cojo de nuevo. No puede andar porque en uno de sus muslos, el izquierdo, tiene una dentellada que le atraviesa de parte a parte. El perro con el que sostuvo la pelea incluso le arrancó un trozo de piel y de carne.

Muchas veces he pensado en deshacerme de este animal con el espíritu del carnicero práctico que llevo dentro. ¡Bastantes problemas tengo ya como para tener un perro que me complica más la vida! Sé que soy injusto al pensar así, porque «Guerri» *es una vida* que hay que respetar, además de ser un perro muy noble y bueno. Cuando le pasan estas cosas, me doy cuenta de mi poco o nulo amor por este animal. Soy consciente del grado de ignorancia que tengo. En muchos momentos pienso que ya tengo suficiente conmigo mismo. No puedo con la carga de mi complejidad, como para cuidar de perros problemáticos. Ya digo, soy consciente de mi mediocridad y mi falta de amor, factores que me incapacitan para poder cuidar a «Guerri» como se merece. Pero a pesar de esta forma de ser, tengo voluntad para tratar que la vida de este perro sea lo más feliz posible y le llevo la contraria a mis tendencias grotescas. Humillo al bruto perezoso e insensible ser que muestra su oscura decadencia. Y aunque las cosas no las hago tan perfectamente como cuando se ama de verdad, voy tirando. Y así seguiré hasta que nazca la voluntad firme y espontánea de ser hombre de acción afectivo, si es que nace. Pero si no lo consigo, quiero seguir llevando la contraria a la impostura inhumana.

Este animal lo he convertido en objeto de mi amor; quiero pasar de la insensibilidad, a apreciarlo como se merece. Él es indiferente e inconsciente a mis sentimientos, pero se sentirá mucho mejor si le trato bien. No me importa recibir nada a cambio, sólo quiero ver que se siente bien, y a su forma, feliz. ¡Ya quisiera yo, y muchos otros, encontrar entre los seres humanos el sano interés de esta superación personal! Y no me considero nada bueno, porque para mí es absurdo. El sentido del bien y del mal sabemos todos las repercusiones que tiene; yo he preferido encaminarme por el sentido del bien, sin importarme mi vanidad de ser bueno o malo; sólo me importa para el equilibrio, la repercusión que mi vida ejerce sobre lo que me rodea.

En la vida vemos muchos verdugos frustrados que no saben del daño que se producen incluso a ellos mismos cuando nos tratan mal con su forma de ser mezquina, y no tienen voluntad de cambiar. ¡Cuántos médicos, psiquiatras y tanta gente mediocre nos tratan mal, sin preocuparse de ser mejor con sus pacientes. Porque si en ellos hubiera un pequeño rastro para cambiar sus acciones, aun con un fondo malsano, esta-

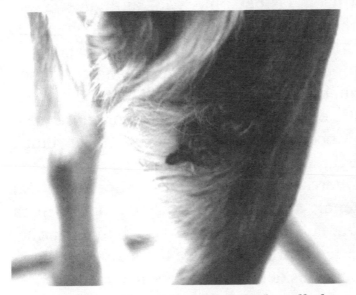

Figura 11.—*«Guerri» y su dentellada.*

rían salvandose a sí mismos y al mundo entero de la indignante falta de amor y de aprecio. Éstos, como mi perro, viven en la inconsciencia; pero ellos, a diferencia de mi perro, tienen capacidad para despertar sus afectos y superar su deshumanización. Ellos crean incómodos infiernos y no creo que se sientan muy bien siendo así. Yo vivo en un infierno cuando me siento así. Son estados desérticos donde la desidia y la desdicha se apoderan de uno mismo y crean la pasividad, y eso es horrible. Creo en el amor y no sabéis qué alegría siento al ver cómo muchas personas brillan de alegría desde el tesoro más profundo de sus corazones henchidos de amor hacia las personas y los animales. Y me sorprende que sea real lo que ven mis ojos. ¡Parece imposible! ¡Qué envidia siento cuando con mis propios ojos veo a mujeres, hombres y niños disfrutar de los animales! Esa alegría que existe entre el dueño y el animal es contagiosa y entonces puedo creer que el amor existe de verdad sin lugar a dudas.

«Guerri» ahora me ayuda a superarme. Su existencia significa mucho, y es motivo para avanzar en el difícil propósito de humanizarme. Al verle el otro día en la calle sangrando, con esas terribles dentelladas, pensaba que me compliqué demasiado la vida con perros que en verdad no apreciaba, ni les quería lo más mínimo. Pensaba que sentía algo por ellos, pero al fin pude descubrirme, y la verdad es que soy demasiado mediocre; en el fondo no los apreciaba ni lo más mínimo.

Cuando no se ama a los animales es mejor vivir en soledad. Mucha gente adquiere estos animales como un juguete o una curiosidad, y no se dan cuenta del terrible error que están cometiendo. El animal crece y necesita de nuestra diligencia y disciplina para cuidar de su vida. Nos convertimos de la noche a la mañana en dueños de una vida que va a depender de nosotros en muchísimos factores. No sólo la alimentación será suficiente, sino que el cariño que pongamos en su cuidado producirá alegría mutua y se desarrollará un tipo de responsabilidad exquisita y muchos valores humanos volverán a reconstruir nuestra humanidad. Aquellos seres conscientes y sensibles que adopten esta aptitud hacia su perro, se alegrarán siempre de tener en su vida un amigo que reacciona de verdad.

«Guerri», con el tiempo, dejó de alegrarse de verme y adoptó una actitud de indiferencia, la misma que yo mostré muchas veces con él cuando me recibía con toda su alegría y energías de cachorro. Mis problemas y mi deshumanización restaban importancia y atenciones hacia él. Nunca le traté mal, pero mi indiferencia caló en él, y un día me di cuenta que no me reía con la misma alegría de antes, porque, ya digo, estos animales eran para mí insignificantes. Simples bichos inferiores. Simpáticos, sí, pero pesados y molestos por su exceso de afecto. Pero cuando no reaccionan y te tratan secamente, como a un extraño, echas de menos a un amigo que te demostraba diariamente cuánto te quería. Ahora, cuando he llegado a valorarlos y a quererlos un poco más, tengo que hacer verdaderos esfuerzos para sentir respeto y amor por ellos, y merece la pena este sacrificio, aunque muchas veces mi alma esté anestesiada.

Me está costando mucho restar importancia vana a los seres humanos y a mí mismo para concedérsela a la naturaleza entera y entre ellos a los perros. Pongo atención y observo todas sus reacciones para entender que debajo de su piel vibra un ser vivo capaz de percibir, y lo más extraordinario es que puede sentir emociones. Vibra con nosotros en las alegrías y las penas.

¡Qué fácil sería quitar del medio a «Guerri» con una inyección letal! Es un perro viejo. Dentro de poco tiempo viviré en un piso y el perro será un incordio. Muchas veces pensé que lo mejor sería hacerlo desaparecer definitivamente. Que le atropellase un coche y le matara en el acto; así quedaría libre. ¡Qué horrible pensamiento!, ¿verdad? Todas estas salvajadas cruzan por mi mente de carnicero, pero cuando observo a «Guerri» y soy capaz de entender muchas de las expresiones de sus ojos; su docilidad; el poco trabajo que nos ha dado, aunque ha sido muy desobediente; un perro que ha soportado fríos inviernos en el garaje de mi casa acurrucado sin protestar... nos ha dado tantos ejemplos... y yo estuve mucho tiempo sin ser consciente de ello. Como siempre dormido en la ignorancia. Cuando me veo a mí mismo humano vanidoso, necesitado de tantas cosas para vivir, y que este animal sólo ha necesitado, durante sus trece años de vida, comer, beber, sentir un poco de libertad y un espacio para poder dormir, aunque no fuese un lugar con todas las comodidades... En el mismo suelo se acurrucaba o en la hiedra del jardín.

¡Cuando soy consciente me revuelvo por dentro en contra de mi actitud inhumana! Mi sentido práctico de carnicero nazi retrocede, y le cuido en la medida que puedo. Soy consciente de que este animal me está ayudando a ser más humano por el hecho de existir. No puedo traicionarle. Le acaricio la cabeza y le hablo; él responde dejándose llevar por la bondad de mis palabras. Se estira relajado. A pesar de mis siniestros pensamientos nunca le he tratado mal. He curado sus heridas siempre, emancipándome a la siniestra sombra de mi perezosa insensibilidad. Comprendí que no era mi posesión. Nunca lo consideré así. Su libertad de animal independiente nunca se la negué, e incluso mentalmente, tampoco lo poseí como un objeto, y cuando se escapaba y volvía después de varios días, nunca le pegué ni le levanté la voz, porque consideré justo y normal que había nacido a la vida para ser libre, y no para estar sometido a un dueño. Entre este animal y yo existe un respeto mutuo y mis emociones nunca hicieron saltar su agresividad. Seguramente «Guerri» es tan dócil con los seres humanos por mi actitud hacia él. ¿Es curioso, verdad? Cómo aprenden estos animales de nosotros, de qué forma absorben nuestras actitudes y nuestra personalidad...

Esta noche pasada durmió en el porche de la casa. Él suele coger este lugar porque está más calentito. Le puse agua, un poco de pienso, un hueso de jamón y algunos trozos de queso. No tenía apetito, ni siquiera bebió agua. Le costaba mucho trabajo incorporarse y lo peor de todo es que no podía lamer sus heridas. Pasó toda la noche en silencio. Debió sentir mucho dolor, pero permanecía todo el tiempo callado; sólo cuando le muevo su pata para desinfectarle las

Figura 12.—«*Guerri*», *en la entrada de casa.*

heridas reacciona con agresividad. Con mucho cuidado le muevo la pata para no hacerle daño y se deja. Echa su cabeza en el suelo y soporta bien mis cuidados. Me lleno de ternura, porque cuando fijo mi atención en él siento que le quiero y eso me da mucha alegría al poder comprobar que además del carnicero fascista, llevo en mí el misterio de las emociones nobles que me hacen sentir distinto y como yo quiero. ¡Lástima que no sienta siempre igual, porque sería como estar en el cielo y de esta forma mi voluntad y todo mi ser responderían de otra manera: en la acción!

Hablando con mi perro

¡Ay «Guerri»! ¡Cómo eres, amigo mío! —y le acaricio la cabeza—. Amigo y compañero del viaje corto de la vida. Tú vivirás dos o tres años más. Yo quizá diez, doce o quince años... Más o menos, ¿quien sabe? Antes o después, los dos nos convertiremos en polvo. Yo me sentí superior a ti. Fui tu dueño. ¡Cuántas veces te vi reaccionar de una forma o de otra cuando mi voz se mostraba bondadosa o protestona, echándote la bronca por escarbar y destrozar las plantas y las flores del jardín; o mearte o cagar donde no debías! Tus ojos se movían o se estiraba tu piel. Adoptabas la postura de una estatua, inmóvil, mientras escuchabas mi voz reprendiéndote. Por tus oídos sólo entraban sonidos impregnados de emociones que con temor escuchabas, pero que no entendías, porque al día siguiente volvías de nuevo a hacer lo mismo. Cuando salías a la calle eras diferente: sentías tu independencia; libre de ataduras, de dueños y banalidades. Me mirabas y ni caso. Tu seguías tu camino. Yo por un sitio y tú por otro. Y ni caso a mis llamadas. Pensándolo bien, más parecido a mí, imposible. Nunca sabré cómo fue que absorbieras gran parte de mi personalidad y mis costumbres, porque yo en la vida tengo tu mismo comportamiento. Desde siempre odié estar sometido y mi libertad la consideré lo primero. Todo en mi vida fue así. Mis hijos también son como tú, independientes. Cada uno estamos en nuestro mundo. ¿Qué curioso, verdad? Una familia libremente disgregada; hasta el perro.

Me comporté mal contigo muchas veces. No te pegué nunca, pero no te cuidé con esmero. Siempre ibas hecho un guarro. Mientras a los perros de los vecinos les brillaba el pelo de limpios, tú ibas como un «chucho» vagabundo y pordiosero. Mientras que ellos iban acompañados de sus dueños y a sus horas, tú ibas libre como un vagabundo de calle en calle y arremetiendo peligrosamente a los coches. No sé por qué tenía aquella manía... La verdad es que yo odiaba los coches. Tú también. ¡Qué misterio!

¡Tuve tantísimos momentos de ceguera! Fui tan soberbio e importante, mientras tú te mostrabas naturalmente normal. Suele pasar amigo «Guerri», que los seres humanos pensemos que somos muy importantes, superiores... pero lo realmente grande es tu silencio, tu simplicidad, y además no tenía pedigrí ni leches de esas que hacen que los tontos de siempre incluso os discriminen también a vosotros. Porque, no podrás creerlo, pero existen racistas de perros.

He admirado la capacidad de goce que tenéis, utilizando al máximo vuestros sentidos concentrados. Atentos al más mínimo matiz de sonido u oliendo a la perfección. Respirando siempre diafragmáticamente. A mí me tuvieron que enseñar a respirar así, porque todo el mundo respiramos con el tórax. Nosotros hacemos muchísimas cosas mal, porque nos separamos del mundo natural, desobedeciendo muchas leyes que vosotros los animales todavía observáis. Suerte que todavía pertenecéis al paraíso de la inocencia. Nosotros desde que despertamos conquistamos nuestra propia esclavitud. Al tener conciencia de nuestra existencia, pudimos ver algunos aspectos del mundo, y muchos son espeluznantes. Los dos tuvimos la oportunidad de vivir. Tú una vida de perro; yo, una vida de ser humano. ¿Qué es mejor? Indudablemente lo tuyo. Lo mío es cosa endiablada y de locos, ¡no lo sabes tú bien!, y cada vez que avanzo en edad y veo más de cerca la realidad, me soporto menos y a mis semejantes los tengo que aguantar, aunque la verdad sea dicha, existen seres ejemplares. Pero somos muchos los que preferimos estar con vosotros los perros, a estar con los hombres y mujeres, que en la mayoría de los casos sólo somos hipócritas, falsos e interesados. Habitualmente,

64

son muchos ya los que se tratan por el interés, de monstruos a monstruos, y como medio utilizan un sistema de comportamiento que se llama diplomacia.

Yo quizá tenía que haber sido perro como tú. No. Mejor ave. Eso de volar es magnífico. Pasar un vida corta, pero volando, sintiendo el aire y el espacio. ¿Sabes «Guerri»? Envidio a las aves porque no estoy conforme con la vida que me ha tocado vivir. Estoy a disgusto. Es demasiado difícil y compleja la existencia, porque los seres humanos cada vez somos más peligrosos los unos para los otros. Tú lo pasaste mucho mejor que yo. Seguro. Te di la oportunidad de vivir en libertad. Pero en tu mundo de perro también existen tus semejantes y también son bárbaros. Tú también... con esa manía de pelear que tienes. Sentiste las dentelladas de la vida en tu cuerpo. Tus reacciones bioquímicas sin control racional ni instintivo provocaron la bestialidad y la agresión. Otra vez te han herido. Yo no sé si de esta vas a salir. Eres ya muy viejo y sin embargo, ¡tienes tantas energías todavía! Me pareció mentira esta mañana cuando te abrí la cancela de la calle. Cuando viste la libertad surgieron tus fuerzas y levantaste todo tu cuerpo. Por la noche no podías mover ni un músculo de tu cuerpo, y sin embargo ahora...

Cojeando, ya te querías marchar como otras veces, pero no podías correr. Yo no sé de dónde surgieron de nuevo tus fuerzas para apoyar tu pata mala. Fue tu deseo de libertad, de coger de nuevo calle adelante.

¡Cuántas veces, sin ningún miedo, te he visto correr ladrando al lado de las ruedas de los coches, como si te estorbaran, y sin ningún miedo les perseguías y arremetías contra ellos como si de monstruos antinaturales se tratara. ¿Por qué tenías esa reacción contra la tecnología montada en ruedas? ¿Los atacabas porque considerabas que eran enemigos tuyos? Quizás fue un instinto inconsciente, una manía de ir a morder a bichos rodantes... No sé, la verdad es que te jugaste la vida muchas veces en medio de la calzada. ¡Otro Don Quijote en perro, arremetiendo contra monstruos rodados! ¡De milagro estás vivo! Los coches no consiguieron hacerte ningún daño. ¡De milagro!, porque, por mucho menos se han atropellado perros y gatos quedando sus cuerpos aplastados en el asfalto. Y sigues vivo de milagro. Muchos perros compañeros ya han muerto y tu sigues vivo, como llevando la contraria a mis deseos siniestros de verte muerto, porque muchas veces siento que eres una molestia. Gracias que tengo otro fondo, que quiere verte sano muchos años más y te protege, y quiere amarte de verdad y lucha por dentro contra la infame tendencia siniestra de la comodidad, la pereza y la desidia. Con sus ojos te miro y te quiero. Es la luz que me ilumina para hacer el bien y con esa luz tu morirás cuando tengas que morir, amigo mío.

CAPÍTULO V

DESARROLLAR VALORES A FAVOR DE NUESTROS HERMANOS LOS ANIMALES

No sé por qué, y como siempre es misterioso; en la actualidad mientras escribo este libro, «Guerri» ha ocupado mi vida de una forma sorprendente. Las circunstancias que atraviesa. ¿Y por qué, ahora, se encuentra en tan lamentable estado? No sé, pero el hecho me ha motivado para desarrollar varios capítulos reflexionando sobre mí y sobre él. Sus heridas me han hecho profundizar en lo necesario que es asumir de una vez por todas la responsabilidad de cuidarlo en los *últimos* años de su vida. Cuando pienso en él y me doy cuenta de las pocas cosas que ha necesitado para vivir, me doy cuenta de que este animal, en su simpleza perfecta, es superior a mí. El sólo ha necesitado su libertad y comida para sentirse bien. No se quejó por nada. Bueno, sí: sólo se le ha oído ladrar cuando reclamaba salir a la calle. En circunstancias como las que le afligen en este momento de dolor, el silencio siempre fue su aliado. Las heridas le han importado muy poco; sin embargo, su libertad la reclamó siempre con imperiosa necesidad.

La historia de «Guerri» se puede escribir como la un perro doméstico y vagabundo independiente. Muchos días pasó al raso y bajo las estrellas escarbó en las basuras en busca de alimento.

Un día recibí en casa a un vecino malhumorado porque mi perro le tiraba el cubo de la basura y la dejaba esparcida por el suelo. Muchas de esas habrá hecho cuando se escapaba y desaparecía durante días, e incluso una vez estuvo una semana entera sin dar señales de vida.

Otro día un vecino me comunicaba muy contento que éramos abuelos.

—¿Y eso a que se debe? —le dije sorprendido.

—Pues a que tu perro y mi perra han sido padres de una hermosa camada.

—¡Vaya! ¡Qué sorpresa más agradable —le dije fingiendo, pues pensaba que me iba a tirar los perros a la cabeza. Pero no, al hombre se le veía feliz.

—Fíjate, un día vi que tu perro y mi perra sentían atracción mutua a través de la valla de mi jardín y le hice pasar al animal. Y se casaron. Y fíjate la bendición que ha venido al mundo, seis perritos mestizos encantadores —el hombre estaba emocionado y repartió los perritos entre gente que los querían de verdad.

Estas dos únicas visitas recibí en mi casa a lo largo de los trece años de vida que tiene «Guerri». Después mis hijos me daban noticias de lo que decían algunos vecinos. Siempre temí alguna que otra bronca por mi irresponsabilidad de dejar a mi perro en libertad en la zona residencial donde vivo, pero exceptuando el tema de la basura, a las perras que fecundó y los perros enemigos acérrimos con los que se peleaba... por todo lo demás, podía estar tranquilo, porque «Guerri» fue amigo de todo el mundo: niños y adultos, y no creo que haya sido un fastidio grave para nadie.

Muchas veces recibí en casa la visita de los niños que lo traían agarrándolo por el collar y se quedaban jugando con él en mi jardín. Jugaban con él y le acariciaban. Su mansedumbre captaba la atención de la infancia y ellos sabían que «Guerri» era su mejor amigo. Todas estas cualidades me daban seguridad de que él nunca mordería a nadie y por eso a la más mínima le dejaba suelto.

Exceptuando el atrevimiento agresivo que siempre sintió hacia los perros machos, todo lo demás fue digno de admiración.

¿Por qué reaccionaría así con todos los perros? ¿Qué produciría ese rechazo tan contundente? ¿Eran rasgos hereditarios de sus ancestros? ¿Era valentía o carencia de conocimiento para valorar el tamaño de sus contrincantes?

«Guerri» arremetía contra perros grandes y pequeños, e incluso muchas veces lo encontré luchando panza arriba acosado por dos perros, pastores alemanes, que le mordían las patas y cada uno tiraba con la intención de partirlo en dos. Esta vez pude espantar a sus enemigos, y en

Figura 13.—*Perros peleando.*

el instante que se vio libre, corría detrás de ellos encendido de esa agresividad del perdedor valiente que se siente ridiculizado y que tiene que vencer para sentirse bien. Esta descripción quizá no sea la más acertada porque es fruto de mi imaginación y experiencia humana, pero, ciertamente, «Guerri» era un guerrero que nunca se dejó acobardar por ningún ladrido brabucón y amenazador.

Desde muy pequeño olfateó la libertad y quiso ser libre porque en realidad para la libertad había nacido y yo se la di incluso siendo consciente de los peligros que le acechaban.

Después de muchos años con este amigo que siempre volvió, nunca como ahora tuve capacidad para ver mis verdaderos sentimientos y mis carencias hacia él. La verdad es que sentí muchas veces que era un estorbo. Un animal inútil. Y como siempre, por mi ceguera de la rentabilidad, no supe valorarlo. Es curioso cómo pasa el tiempo, y hasta que no tenemos capacidad para remover tierra adentro, no somos capaces de conocer el sentido y la influencia que tienen las vidas que nos acompañan. Estamos demasiado entretenidos pensando en ganarnos la vida, o en ganar dinero por ambición, y olvidamos hasta la familia. Nuestra atención, de esta forma, no es capaz de ver todas las influencias que ejerce nuestro entorno. Se inutiliza el sentido de la percepción. Las emociones no brotan y nos bloqueamos para sentir los latidos de las emociones vivas.

Recuerdo que, cuando era pequeño, los animales me causaban una sorpresa indescifrable y el hecho de sostener en mis manos un conejo, mirarle sus ojos, su hociquillo moviéndose, sus orejas tan grandes, su calor, su olor característico... todo él me causaba una impresión indescifrable. Una alegría enorme recorría todo mi cuerpo. El mundo animal me sorprendía sobremanera. Ciertamente las vibraciones de la existencia me hacían comprender y no de una forma razonada, que el mundo era grande, perfecto y misterioso. No tenía conciencia de las emociones, pero existían en mí con fuerza, me enlazaban de corazón a unirme a todos los animales que mis padres tenían en casa.

Me hacía ilusión ir a por hierba para los conejos. Nunca se me olvidarán aquellas plantas que en el pueblo llamaban lechuguinos; era el mejor bocado que se podía dar a los conejos. Los burros y sus rebuznos; nunca olvidaré sus ojos y su olor. Las vacas. Los patos y su forma de emitir sonidos. Las gallinas y los gallos. ¡Qué impresión me producían los huevos de las gallinas! Recién puestos estaban calentitos y su olor era especial... Los huevos que se compran no huelen a nada, pero aquellos huevos tenían un olor característico y me maravillaba aquel milagro. Los gusanos de seda, los caracoles, los peces y las culebras de río...

Píldora crítica

Con el tiempo perdí mi paraíso emocional para sentir a los animales de aquella manera. Mi interior se encallecía. Me volví demasiado racional y analítico hombre de ciudad. Mi corazón emocional se empequeñecía mientras que el volumen de lo que consideraba más importante aumentaba de tamaño. Me hice adulto y vi con mis propios ojos lo necesario e importante que era el dinero. El éxito eran las ganancias económicas. Y todo se olvida y se pierde si no tomamos conciencia de que el dinero hay que ganarlo de otra forma, sin matar los sentimientos nobles, y es un recurso para ayudar a los demás y hacer más bello el mundo que nos rodea.

La influencia brutal de la sociedad económica me fue encalleciendo la sensibilidad y el amor que sentía en el núcleo de mi corazón. Todo ocurría sin darme cuenta, porque parecía normal. Inconscientemente asimilaba las razonables y lógicas normas de la sociedad económica. Todos por igual tendríamos que someternos a las leyes inhumanas de la supervivencia dependiente del dinero. Dinero, dinero, gastos y más gastos, el eterno círculo vicioso. Era todo tan normal, hasta que me di cuenta de que aquello era una forma de vivir decadente; una situación artificial y anómala creada por el ser humano. Todo aquel montaje no era más que un mundo creado por una minoría de razonables, robotizados humanos, fríos y calculadores, que usaban la inteligencia y los números, pero nunca el corazón. Y nos contagiaron a todos su apestosa insensibilidad. Y el mundo entero nacía ya con el único objetivo de conseguir el valor único y verdadero de las ganancias para vivir mejor, pasando por donde fuera con tal de obtener ganancias. El tiempo era oro y no se podía derrochar con incoherencias inhumanas. Todo aquel que se encontrara fuera de esta mentalidad, no estaba en sus cabales. Los sentimientos eran un estorbo. Las relaciones humanas se enfrentaban o entraban en conflicto. Los seres humanos enloquecimos cuando no se podía conseguir el medio de vida. Una sociedad tan numerosa regida por un sistema inútil para cubrir las necesidades de todo el mundo. Con el tiempo se fue abandonando el campo y nos fuimos hacinando en horrorosos núcleos urbanos insolidarios, nulos para sentir. Nos hicimos independientes e inhumanos. Nuestras emociones se comprimían en un duro caparazón para entender sólo nuestras conveniencias.

Hay mucha dormidera todavía, pero va surgiendo poco a poco una inquietud solidaria que me da esperanzas. Voces críticas y autocríticas que despiertan la sensibilidad de las personas para saber valorar lo que realmente merece la pena. Es cierto que tenemos que ganarnos la vida, pero sin destruir el paraíso de nuestros sentimientos; sin ellos no somos nada y el mundo caminaría hacia el desequilibrio.

No podemos destruir nuestros sentimientos hacia los animales, porque ellos y la naturaleza entera nos ayudan con su espontánea, alegre y transparente existencia. Cuando los seres humanos nos volvemos demasiado opacos y la deshumanización nos ha destruido todas las posibilidades naturales, son ellos, los animales y las plantas, los que nos enseñan con su presencia a ver por dentro al energúmeno artificial que dejamos brotar y que se adueñó por completo de nuestra naturalidad. Muchísimos seres humanos nos hemos vueltos dañinos los unos para con los otros; no hay más que salir a la calle y sólo al escuchar muchas de las estridentes voces, te das cuenta de que algo distorsiona el ambiente, el silencio y la paz. Son voces engreídas, sonidos impregnados de emociones artificiales, mercantilmente robotizadas. No regalan su tiempo a nadie porque es oro. El tiempo, convertido en el valor más apreciado y por el que se mide la vida de los hombres y mujeres de este mundo. Y se olvidaron de apreciar el armonioso y colosal universo al que a pesar de todo todavía pertenecen. Sin saberlo, los animales nobles como los perros entran en sus vidas demostrando la evidencia de la perfección natural. Y sin saberlo, nos sanan, porque entran en nuestro interior sus miradas y sus movimientos, sus ladridos y sus vibrantes cuerpos llenos de alegría y emoción sana.

En todos los libros que escribo, siempre hago un paréntesis a mi espíritu inconformista porque quiero resaltar lo necesario que es no perder el buen alma, ni encerrarla en una cárcel de insensibilidad para toda la vida. Porque se vive muy mal cuando no podemos sentir verdadero cariño por las personas, por los animales, por la naturaleza entera.

Cuidando a «Guerri» me humanizo

Contemplando a «Guerri» comprendo muchos aspectos de mi vida que se habían perdido. Viendo la desolación de mi ruinosa personalidad, descubro con asombro el campo florido de virtudes en los demás. Fuera del paraíso y en ese estado de sufrimiento, al ser consciente de tantas pérdidas en el interior, se valora a las personas que disfrutan de la dicha de sentir por los animales la responsabilidad de amarlos, y de esta forma son protegidos sin esfuerzo, con la impronta de la responsabilidad del corazón.

Las dentelladas de «Guerri» se están curando. Le administro cada ocho horas antibiótico y desinfecto sus heridas. Aunque me cueste, estoy cuidándolo como a un rey, con buena comida y algún que otro hueso de jamón. Aunque para mí todavía siga siendo un simple perro, y mi cariño no sea grande, he contraído una responsabilidad con este animal. Sería muy fácil quitarlo de enmedio y un problema menos. Así actuan las mentes nazis y fascistas. Matando animales y seres humanos «hacen limpieza», como suelen decir estos degenerados criminales. Yo he contraído con mi perro la responsabilidad de atenderle y desarrollar el poco amor que siento por él. Ayer su pata estaba menos hinchada y mientras cambiaba impresiones con mi hermano, que en aquel momento fue a visitarme, «Guerri» se escapó. Lo buscamos durante un tiempo y al fin lo vimos en un montículo, tendido sobre hierba seca y húmeda. Fuimos hacia él e hizo un gesto de

Figura 14.—«*Guerri*» *echado.*

contrariedad. Le molestamos porque sabía que lo llevaríamos de nuevo a casa. Él quiere estar libre en la calle o en el campo y se siente molesto por nuestra presencia. No le importa estar lleno de dentelladas ni que le cuidemos, no le importamos nada nosotros; él quiere ser inconscientemente libre, y sin embargo mi consciencia me dice que tengo que cuidar su ingenua naturaleza dañada. Después dejó caer su cabeza en el suelo húmedo y se tumbó todo lo largo que era. «Guerri» quería disfrutar del calor de los rayos del sol.

—A este perro hay que cuidarlo, es un animal especial —decía mi hermano.

Yo le observaba y me sorprendía a mi mismo de no sentir, en aquel momento, nada. Le estaba cuidando, pero para mí «Guerri» era un animal carente de importancia. Mi espíritu volvía a estar anestesiado, encallecido... o como se quiera llamar a la falta de sensibilidad y estremecimiento. Cuando me encuentro así es motivo de alarma porque algo no funciona bien dentro de mí. La falta de sentimientos y la poca apreciación me ponen en estado de alerta. ¡Ese vacío insoportable...!

Entiendo bien que cuando no tenemos capacidad para sorprendernos es porque nuestras emociones están inhibidas, han enfermado o han dejado de existir. «Guerri» acusó mi indiferencia hace ya tiempo y se muestra también indiferente conmigo. ¿Qué curioso, verdad? ¿O será su vejez? Porque cuando nos hacemos viejos, de tantas dentelladas que nos da la vida, ya no somos los mismos. Reaccionamos de forma diferente, nos volvemos antipáticos e indiferentes. A «Guerri» quizá le pase algo parecido. No sé, pero por encima de las circunstancias humanas, está la fuerza de la evidencia. Inequívocamente y por encima de todo lo que podamos pensar sólo la realidad asoma y se manifiesta como es, sin afectarle ni lo más mínimo lo que podamos pensar o sentir.

—Vamos a casa, «Guerri» —le dijo mi hermano con voz fuerte y mucho cariño.

«Guerri» levantó la cabeza. El sonido le había llegado al fondo sirviéndole de estímulo. Me sorprendí. Por unos instantes nos miraba para tomar la decisión de quedarse o hacer el esfuerzo de ponerse en pie. Hizo esto último y lentamente caminó hasta la puerta de la casa.

—Este animal está machacado. Es como si su autoestima no existiera —dijo mi hermano observando sus reacciones desde su óptica de psicólogo.

Figura 15.—«*Guerri*», *echado en el campo*.

—¡Hombre, después de la paliza que le han dado...!, ¿cómo se va a sentir el animal? Además, lleva ya varios días tomando antibióticos.

—Necesita estímulos y cariño —dijo mi hermano.

Acariciaba a «Guerri» y le hablaba en voz alta mientras caminábamos. El perro reaccionaba bien. Iba tranquilo. Cojeaba. Así llegamos a la casa. Le conducí al garaje donde tiene el agua, el pienso y una manta. El animal bebió agua y después se tumbó en la manta. Con sumo cuidado apoyó su trasero por la parte sana y, lentamente, dejó caer su cuerpo estirando sus patas delanteras hacia delante, después apoyó su cabeza en ellas y movió los ojos a derecha e izquierda. Yo le miraba fijamente observándolo. Me daba la sensación de que no aguantaba que le mirase de aquella manera. No le gustaba sentirse observado, con sus ojos me indicaba que le dejara en paz. Que se sentía molesto de tenerme delante. «Guerri» desprendía tranquilidad y cerró los ojos para dormir.

Tuve un sueño

La noche anterior soñé con «Guerri». Esta vez lo sacaba a pasear por la zona residencial de las Lomas, en Boadilla del Monte. Yo me sentía muy viejo y le veía a él de igual manera. Nuestro ritmo al andar era tranquilo y lento, pero continuo. Vestía con mi anorak negro. Hacía mucho frío. Mis manos las llevaba metidas en los bolsillos del anorak y en la mano derecha cogía el extremo de la correa de «Guerri». Los dos llevábamos un ritmo acompasado y entre nosotros sentía mucha paz y silencio. El perro a veces se paraba para olisquear o hacer sus necesidades. Yo le esperaba paciente observando todas sus reacciones y de nuevo reanudábamos nuestra marcha. Los perros de los diferentes chalés nos alertaban con sus ladridos. Unos encolerizados y otros por obligación de guardería; todos nos ladraban. «Guerri» no se inmutaba y yo tampoco.

Mis pensamientos eran diversos, pero iba concentrado en el ritmo de mis pasos. Observé a «Guerri». De pronto escuché una voz rara.

— ¡Suéltame! —miré a mi alrededor y no vi a nadie—. Habrá sido alguien de los chalés —pensé—. Seguimos andando y de nuevo...

—¡Suéltame! —miré hacia mi perro, que se había quedado unos pasos rezagado.

—¡Suéltame! —dijo de nuevo aquella voz. ¡Cuál fue mi sorpresa!, mi perro hablaba. No podía creerlo. Nos detuvimos. Él me miraba levantando levemente la cabeza.

—¿Por qué me llevas atado? Suéltame, ¿no ves que estoy bastante mal? No voy a marcharme —miré a «Guerri» y pude comprobar que aquellas palabras procedían de él. Ahora sí podía afirmar que mi perro me hablaba, pero...

—¿Te hablas de verdad?

—Yo hablo, y te pido que me dejes suelto. Tu sabes que no aguanto esta maldita cadena —una sensación extraña recorrió todo mi cuerpo. No podía creer lo que estaba sucediendo.

—Bueno, bueno, lo que tú digas. Te quito la cadena, pero no te vayas. ¿Vale?

—Vale —le quité la cadena, y como siempre al sentirse libre intentó escaparse, pero su cojera se lo impidió.

—¡Tú como siempre tan desobediente! —fui detrás de él y le cogí por el collar. «Guerri», al sentirse atrapado, se encogió y adoptó la misma postura de sumisión de siempre. Me miró de reojo y siguió moviendo su cabeza al compás de sus pasos. No hizo falta atarlo de nuevo porque tenía la capacidad de cambiar, para quedarse o marcharse. Siempre actuó así. A la más mínima oportunidad rompía ese estado. Pensaba, sentía, o su instinto de independencia le decía que se escapara, sin importarle la desobediencia; total, ese concepto pertenecía a la mentalidad humana y a él ni le iba ni le venía. Así pues, ya no había medio de cogerlo. Corría a su aire y en todo su cuerpo se podía ver su espíritu independiente, sin dueño ni cadenas. ¡Qué curioso fue poder captar estas diferencias! Libre tenía un cierto aire de prepotencia y chulería. Su comportamiento se parecía al que adoptamos los

Figura 16.—«*Guerri*», *dando un paseo.*

humanos cuando estamos sometidos a un jefe, a un trabajo o a un sueldo. Mientras estamos a sus órdenes, la mayoría adopta una postura emocional de sumisión. Puertas afuera de la empresa, ya en la calle o en casa, empezamos a ser nosotros mismos desinhibidos. Sentimos nuestra personalidad y nuestros aires personales y también volvemos a ser valientes y críticos. Después la realidad es que tenemos un dueño que nos da un sueldo para comprar nuestro pienso. Nuestra comida.

«Guerri» ahora andaba cojo y al más mínimo atrevimiento sabía que le alcanzaría. Los dos volvimos a caminar al mismo ritmo de antes. Es curioso, pero... mi actitud había cambiado; «Guerri» ya no era un simple perro. Sentía que no tenía que hacer grandes esfuerzos para superar mi falta de aprecio. No le subestimaba ni lo más mínimo y brotó en mí una emoción especial de cariño. Su hocico y sus ojos me parecían de lo más lindo. Su mirada, llena de intenciones. Aquellos ojos podían ver y transmitir su mundo de ser vivo en ebullición. Este animal, que había carecido de importancia, se transformaba dentro de mí en un ser amado. Me podía comunicar con él y aquello era increíble. Pensé comunicárselo a todo el mundo, como una novedad. Llevarlo a la televisión y a la radio, pero me di cuenta de que su comunicación solamente la mantenía conmigo y seguro que me tomarían por loco. Hablamos durante un largo camino.

—¿De verdad puedes hablar, «Guerri»?

—Sí. Ya tenía ganas de hacerlo para decirte que tú nunca me has querido. Mi instinto me dice que tú nunca has sentido afecto por mí. Yo he sido para ti un estorbo y siempre quise huir lejos de tu lado. ¿No lo has notado? —permanecía en silencio. Me causaba dolor oír aquellas palabras, que ciertamente eran verdad.

—No sé que decirte, «Guerri». Estoy confuso. Ciertamente tienes razón, no soy un hombre de corazón, aunque pensaba que dentro de mí podrían nacer algún día los sentimientos. Pero... ¿te he tratado bien?

—Nunca me faltó de nada. El agua, el pienso, a menudo los sabrosos huesos... ciertamente no me faltó de nada ni yo tampoco quería ni más, ni menos.

—Los huesos te los compraba porque me producía alegría verte disfrutar. También te soltaba por el campo, porque sentía alegría al ver que eras libre. Reconozco que tengo un corazón muy duro, pero... ¿cómo puedo reblandecerlo? Me sentiría mejor, amigo mío, pero no puedo amar, es como si algo me impidiese sentir profundamente esa emoción. Pero tú tampoco amas, amigo mío. Tú eres independiente y vas únicamente a lo tuyo.

—Yo soy un animal. A mí nunca podrás pedirme que sienta como vosotros. Es lo malo de los humanos, que siempre os creéis que todo debe ser como pensáis, y no es cierto; mi cerebro es diferente y mi comportamiento depende de él. Yo no pertenezco a vuestro mundo, porque mi mundo es diferente. Puedo ser mínimamente educado, pero siempre seré distinto a vosotros. No me pidas nada, que todas mis reacciones son impulsos instintivos: cuando tengo hambre como, cuando tengo sed bebo, necesito toda la libertad e independencia y no me importa comer de las basuras con tal de ser libre.

—Eso ya lo sé.

Hicimos un alto. «Guerri» se detuvo para comer hierbas y después seguimos andando. Al instante noté que mi perro se estaba haciendo grande. A cada paso que daba aumentaba de tamaño. Sentí sorpresa y miedo, «Guerri» me miraba y poco a poco se paró delante de mí, impidiéndome el paso. Sus ojos se habían quintuplicado. Sus dientes eran enormes y sacaba la lengua como relamiéndose. Toda mi prepotencia de dueño se esfumó. Mi compasión y mi espíritu de superación forzada se desintegraban en un tremendo escalofrío de miedo. Aquel insignificante perro había adquirido mucha importancia porque dentro de mí era enorme y poderoso. En mi mente y en el exterior era el mismo gigante. Me miraba como siempre. Se sentó sobre sus patas traseras y emitió un leve quejido al apoyar su pata mala. Esperaba. Yo también. ¿Qué esperábamos los dos? Sentí miedo. Semejante gigante podría comerme en un abrir y cerrar de ojos. No sé cuánto tiempo pasó hasta que me di cuenta de que «Guerri», a pesar de su volumen, seguía siendo el mismo. Movía la cabeza y los ojos de la misma manera. Cuando le miraba fijamente, no aguantaba mi mirada y girando la cabeza y moviendo los ojos me transmitía que quería marcharse, pero seguía dependiendo de mí. Estaba a mis órdenes, como siempre. Sentí que no se daba cuenta de que era un gigante. Tal impresión me causó su aumento de tamaño que no me había fijado dónde nos encontrábamos. Miré a mi alrededor y a mi izquierda había un árbol gigantesco. Era una encina impresionante. No podía creer lo que veían mis ojos. ¿También la encina había crecido? Miré más lejos y las casas eran enormes... todo era gigantesco... ¿Entonces? Mi apreciación era falsa. ¿Qué demonios había pasado...? Y me di cuenta al instante del efecto. En realidad lo que había pasado es que yo había disminuido de tamaño, y con él toda mi vanidad, siendo ésta suplida por un terrible miedo a perder la vida. Poco a poco fui recuperándome y a tomar conciencia. A medida que perdía el miedo y libre ya de toda vanidad, ganaba en emoción, sentí que mi corazón se liberaba por fin de su endurecimiento inhumano. Empezaba a amar a mi perro y aquella gigantesca encina con toda el alma. Me fui hacia ella y la abracé llorando, dándome cuenta de su significado; después abracé la pata de mi perro y escuché los latidos de su viejo corazón. «Guerri» me dio un lametazo y me bañó de babas. Simplemente me dijo: ¡vámonos! En ese instante empecé a crecer hasta conseguir mi talla normal. Creció mi cuerpo y mi corazón y me sentí lleno de amor.

—Vamos, «Guerri», bonito —y nos marchamos a casa con el mismo ritmo pausado.

Al llegar a la alambrada de un chalet de lujo, un perro ladraba rabioso entre los claros del seto. «Guerri» no se inmutó, ni yo tampoco. El animal mostraba una fiereza inusitada y pensé en lo que me dijo Antonio el veterinario, «los perros se parecen a sus amos». Aquel perro no tenía pinta de ser doméstico, era salvaje y feroz. No podía distinguir su raza, sólo le vi sus ojos brillar y sus labios retraídos, dejando libre toda su agresiva dentadura. Emitía un feroz gruñido. Corría de un lugar a otro mientras caminábamos y la-

Figura 17.—*«Guerri», mirando fijamente.*

draba enfurecido. Nos paramos a su altura. «Guerri» era indiferente. Yo le miraba fijamente y en silencio, sin alterarme ni lo más mínimo; el perro reculaba ladrando rabioso, pero sin perderme de vista. En ese instante me acordé de un cuento hindú que decía:

«Érase una vez un maestro que le dijo a su discípulo:

—Acércate al cementerio. Una vez allí, con toda la fuerza de tus pulmones, comienza a gritar toda clase de halagos a los muertos.

El discípulo se dirige al cementerio. Una vez allí, comienza a decir toda suerte de elogios a los muertos y después regresa junto al maestro.

—¿Qué dijeron los muertos? —preguntó el maestro.

—No respondieron —contestó el discípulo.

El maestro le ordenó de nuevo:

—Volverás al cementerio y soltarás toda clase de insultos a los muertos.

El discípulo acudió de nuevo al cementerio y siguió las instrucciones del maestro. Vociferó toda suerte de imprecaciones y después se reunió con el maestro.

—No respondieron —contestó el discípulo.

Y el maestro concluyó:

—Así debes ser tú: indiferente como un muerto ante los halagos y las agresiones de otras personas para alcanzar la sabiduría.»

Aquello que teníamos delante no era un ser humano, pero muchas veces había visto a mis semejantes en peores condiciones, echando la espuma de la cólera y el odio por sus bocas.

«Guerri» y yo caminábamos en la oscuridad de la noche. Llegamos a casa y me sentía en cierto modo liberado. permanecía en mí, el viejo estado, pero también un recién nacido a la inocencia había brotado tierno entre tantos desechos. Me sentía no más importante ni menos que mi perro, los árboles y las estrellas del cielo. Así quise ser siempre: *natural*. Desperté relajado y feliz. Después tomé conciencia de la realidad. Mi perro era un simple perro y mi corazón seguía en las mismas condiciones: duro como una piedra para sentir y percibir lo importante que era todo el universo que me rodeaba. ¿Qué había aprendido? Una lección muy importante: que el milagro de la vida está en todas partes dentro de nosotros y fuera. Solamente me quedaba un pequeño detalle, despertar y ser humilde ante tanta grandeza. Y eso significaba que tenía que pinchar el globo de mi vanidad absurda para empezar a amar de verdad; sólo entonces comprendería el gran misterio y el arte de vivir en paz conmigo mismo y con todos los seres de la creación, y en especial con mis semejantes.

CAPÍTULO VI

EL VETERINARIO: UNO MÁS EN LA FAMILIA

Antonio el veterinario vino a ver a «Guerri» por la tarde. Vio sus heridas y me recomendó que siguiera administrandole el antibiótico y el *spray* desinfectante durante varios días. Este hombre es un gran amante de los animales. Habla siempre con mucha emoción de ellos. Desde hace trece años, viene a casa dos veces al año para vacunar a «Guerri».

En enero le recibí de nuevo en casa para vacunar a «Seni». Le tocaba la vacuna antirrábica. Antonio es un hombre de cuarenta y tantos años, amable y sonriente. «Seni» tiene su sitio en la planta primera de la casa. Siempre que viene alguien, ella baja a saludar muy emocionada moviendo todo su cuerpo gordito y emitiendo sonidos de bienvenida, pero esta vez no bajaba. Ella ya sabía que seguramente y como siempre, aquella voz que escuchaba volvería a hacerle daño.

La llamé varias veces y nada, al final me decidí a cogerla en brazos. Nada más bajar las escaleras empezó a lamentarse poniéndose nerviosa. Se ponía el parche antes de salirle el grano. Sabía ya del daño que le iban a hacer. La deposité en el suelo junto a los pies de Antonio y me mi-

Figura 18.—«*Seni*», *sentada en la escalera.*

raba con ojos de terror. Asustada trataba de escabullirse arrastrándose por el suelo.

—«Seni», ven. Anda, que sólo es un momento. Ven, bonita.

Tuve que ir a por ella porque se escapaba. La agarré fuerte con una mano para que no se moviera, mientras la acariciaba con la otra. Antonio le inyectó la vacuna antirrábica y me contaba como siempre sus anécdotas.

Curiosidades caninas

—Estos animales cada vez me sorprenden más, tienen cosas inexplicables. ¿Podrás creerte que me huelen a distancia? Fíjate, muchas veces toco al timbre de la puerta y la dueña vive en un quinto piso. Me abre y... el perro desaparece, y... ¿sabes dónde está?: pues escondido debajo de la cama. Un día hicimos una prueba. Llamé a la puerta sin decir nada y el perro se volvió a esconder porque sabía que era yo que iba a ponerle la vacuna. Es inexplicable, ¿cómo puede saber el animal que soy yo? Por el olfato desde luego no... no sé. Quizás a nivel ultrasensorial. Para mí desde luego es extraordinario e inexplicable. Y no sólo eso, hay algunos que te la guardan y al más mínimo descuido te lanzan la dentellada. O se vengan en un familiar.

Yo conocí a una familia en la que el perro mordió dos veces al más débil de sus miembros. Después de ponerle la inyección buscaba a este chaval y se vengaba en él. Claro que a este perro lo sacrificaron, porque era temible.

—Y los perros sanan, ¿verdad?

—Bueno. ¡Pues claro que sanan! Sobre todo a personas depresivas. Como han de sacarlo dos veces al día para hacer sus necesidades, tienen una obligación que cumplir y eso les distrae. Y no sólo eso, estos animales son muy afectivos y transmiten mucha alegría. Cuando son cachorrillos es como tener la alegría y el afecto de un niño en casa; luego con la edad absorben el carácter del dueño. Porque no podrás creértelo, yo me paso la vida visitando a familias y he podido comprobar que los perros adoptan el carácter de los dueños. En una casa que hay tranquilidad, el perro es tranquilo, y... ¡tiene gracia!, cuando el dueño es desagradable y agresivo, te encuentras que el perro es igualito a él. ¡Idéntico! ¡Es curioso! Y si hay alegría y simpatía en esa casa, ¡cómo se nota en los animales! Y donde se ve que hay mucho amor, los animales son la mar de cariñosos y agradables. Los perros se adaptan a las costumbres de sus amos y mantienen costumbres ancestrales; por ejemplo, cuando quieren echarse a dormir en una alfombra u otra superficie dura, dan vueltas y vueltas y escarban en una acción sin sentido como si intentaran alisar la hierba y hacer un hueco, cosa que debieron hacer sus antepasados salvajes cuando vivían en las praderas abiertas o en los bosques.

—Sí, es verdad. Cuando «Seni» se va a su cesto da vueltas y vueltas y escarba como una loca ¡Qué curioso!

—Yo digo que estos perros son semi-idiotas porque tienen hábitos sin sentido. Un amigo mío observó que su perro daba hasta trece vueltas completas sobre la alfombra antes de echarse a dormir.

—Y la actitud agresiva del «Guerri» con los perros machos, ¿a qué es debida?

—Quizá sea un hábito hereditario, adquirido de una forma exagerada y les despierta la atención. Es como si vieran a una presa y se preparasen para abalanzarse sobre ella.

—Es curioso ver a «Guerri» cuando se encuentra con un perro extraño; después de la primera mirada suele agacharse un poco o incluso bajar hasta el suelo. Toma la actitud de esconderse para embestir o saltar.

—Todos los perros tienen ese hábito y actúan así siempre que algo despierta su atención. Muchas veces he visto perros junto a una gran pared escuchando muy atentos un ruido del otro lado y con la pata levantada. En este caso no podía existir intención de acercarse con sigilo para embestir o saltar, pero siempre que algo despierte en ellos su atención, se preparan para una acción inmediata.

—Hay una cosa que me llama la atención y es que «Guerri», e incluso el «Ponky», después de defecar escarban a menudo hacia atrás con las cuatro patas. ¿Por qué es esto?

—Bueno, no solamente los perros se emplean en esta actividad; los gatos, los lobos y los chacales hacen exactamente lo mismo y ninguno de ellos tapan nunca sus excrementos cuando tienen medios para hacerlo. De cualquier manera, todos estos animales esconden alimentos que les sobran. Por tanto, si interpretamos de forma adecuada el significado de este hábito parecido al de los gatos, nos quedarán pocas dudas de que estamos ante un residuo, ya sin propósito, de un movimiento habitual que fue llevado a cabo en sus orígenes por algún remoto progenitor de los perros que se ha conservado durante un prodigioso período de tiempo en sus cerebros. La verdad es que no podemos olvidar que los perros, como cualquier ser vivo, tienen un cerebro y éste está condicionado por muchos factores que crean estados de ánimo y les conducen a ciertos movimientos habituales.

Estos hábitos en algún momento fueron útiles e incluso aún pueden serlo.

—¿Los perros pueden dominar sus impulsos agresivos?

—Claro que sí, sobre todo si no han percibido bien la realidad. Un caso concreto es mi pastor alemán. Algunas veces me confundió con un extraño. Un día se acercaba a mí con ánimo salvaje y hostil. Caminaba erguido y muy tenso; su cabeza se mantenía un poco levantada; la cola, erecta y completamente rígida; el pelo a lo lar-

Figura 19.—*Perro en actitud hostil.*

go del cuello y lomo, erizado; las orejas, aguzadas y hacia delante, y su mirada fija. Cuando ves a tu perro con este aspecto ya se sabe cuáles van a ser sus intenciones. Yo era un intruso o un enemigo suyo. Pero al darse cuenta que era yo, dominó sus impulsos. Tenías que ver de qué modo tan completo e instantáneo se transformó todo su talante. Ya no caminaba erguido, todo su cuerpo se hundió hacia abajo y se agazapaba con sinuosos movimientos. Su cola se meneaba de un lado para el otro; todo su pelo se alisó; sus orejas bajaron y se echaron hacia atrás y los belfos colgaban flácidos. Su mirada fija y tensa desapareció para dar paso a una mirada dulce y sumisa. Mi perro me pedía en aquellos momentos que jugara con él, pues toda la emoción que había desarrollado era como una fuerza nerviosa que tenía que desahogar. ¿A ti no te ha pasado muchas veces cuando vas por la calle en actitud desconfiada y agresiva con la gente y de pronto te encuentras con un familiar o amigo?

—Sí, sí... alguna vez me ha pasado.

—Llevas una actitud emocional condicionada por tu forma de ver la vida y sobre todo de desconocimiento, como mi perro, y hablando de una forma exagerada, aunque ya sabemos que existe gente violenta y agresiva, estás preparado para el ataque al más mínimo incidente. Esto en la vida normal suele pasar muy a menudo. Pero al encontrarte con un ser amigo o familiar hay un momento crucial de cambio de consciencia y todo tu cuerpo responde a un tipo de reacción motivado por emociones dulces. Surgen el afecto, la bondad, los recuerdos del pasado... tu cuerpo se mueve de otra forma más distendida. ¿No quiere decir esto que entre los perros y el ser humano hay muchas cosas en común? ¿Los perros entienden y tienen voluntad para cambiar en la medida de su capacidad cerebral? Yo creo que debe haber intervenido algún principio diferente al de la voluntad y la conciencia, para el desarrollo de los movimientos. Ha llegado a ser habitual entre nosotros y los animales inferiores la ejecución de movimientos ordinarios sin que intervenga la voluntad. Son automatismos aprendidos que se ejecutan de forma inconsciente cuando están bajo la influencia de una sensación o emoción, y si son útiles, como ayuda para emplearlos en las acciones. A través de una larga práctica estos movimientos se hacen hereditarios. Cuando un perro se acerca a otro perro extraño le resulta útil demostrar con sus movimientos que van con intenciones amistosas y que no quieren pelear. Cuando dos perros jóvenes que están jugando se gruñen y se muerden el uno al otro los hocicos y las patas, es evidente que poseen un entendimiento mutuo de los gestos y la forma de actuar. Parece, en este caso, algún grado de saber instintivo por parte de los cachorros de modo que en sus juegos no utilizan abiertamente ni sus pequeños y agudos dientes ni sus garras, y cuando esto sucede, el que ha sido dañado débilmente y por accidente, termina aullando. Cuando he jugado con mi perro y me muerde la mano demasiado fuerte, en el momento que escucha que me quejo por el daño que me hace, deja de apretar y mueve la cola como expresándome que no me preocupe, que sabe controlarse para no hacerme daño. ¿Esto qué es? Está claro que los perros tienen capacidad para dominar y controlar sus impulsos y los expresan con todo su cuerpo. Sus cuerpos, sus ojos, sus orejas, sus rabos... nos hablan, sólo hay que saber entenderlos. ¿Tienen voluntad? No hay duda. Una voluntad que podríamos denominarla útil y como una ayuda para adaptarse y sobrevivir. ¿No nos pasa a los seres humanos lo mismo?

—También he observado muchas veces como sacuden un trozo de manzana en vez de masticarla y tragarla ¿Por qué es esto?

—Esto quizá sea debido a que como la manzana no tiene un determinado olor, por ejemplo a carne o carroña, pues lo primero que hace es morderlo y sacudirlo como si fuera una presa.

Después lo huelen y se engañan otorgándole un sabor imaginario. Para conseguirlo el perro actúa a su manera habitual, como si la manzana fuese un animal vivo, aunque él sabe que no es así.

—«Ponky» tenía una costumbre horrible y es que cuando se encontraba una cagada humana en el campo se revolcaba en ella y se ponía de mierda...

—Esto es debido a que encuentran un olor que les produce un gran placer. Es algo parecido a lo que nos pasa a nosotros con el agua de colonia, nos gusta el olor y nos untamos bien el cuerpo, las manos, la cara, etc. Todos estas sensaciones, deseos o aversiones vienen de muchas generaciones anteriores. Es una herencia genética.

—Entonces, ¿los perros son similares a nosotros también en el aspecto genético?

—Efectivamente, a ellos el ser humano les ha influido y dejado huellas hereditarias que se transmiten y sus cerebros evolucionan hacia actitudes que muchas veces nos pueden sorprender. Ten en cuenta que los perros utilizan todos sus sentidos y con un rendimiento superior al de los seres humanos. Yo he oído perros aullar que parecía que hablaban. Emitían sonidos articulados.

—En mi familia tengo una experiencia de esas. Mis hermanos y mi madre tienen un lebrel afgano llamado «Zar». Aldo, un sobrino mío que tiene diez años, se pasa muchos fines de semana y vacaciones con ellos. Bueno, pues el niño y el perro juegan y se llevan muy bien. Yo diría que se adoran mutuamente, porque cuando Aldo vuelve a casa con sus padres, el perro le busca por todas partes. Mi hermano, cuando lo saca a la calle, le pregunta: ¿dónde está Aldo?, y el perro imita el sonido de su nombre, sólo cuando se encuentra en un estado especial de nerviosismo y ansiedad por la ausencia del niño. Yo no le creía cuando me lo contaba, hasta que tuve la oportunidad de escucharlo con mis propios oídos. ¡Y era cierto! El perro emitía unos sonidos seme-

Figura 20.—*Lebrel afgano.*

jantes al nombre de Aldo. No pronunciaba su nombre pero trataba de imitar el sonido que escuchaba de mi hermano: *aaaaa-ooooo*. Eso es para verlo y escucharlo, entonces ciertamente crees que es verdad.

—Te creo, el perro está desarrollando nuevas capacidades que se imprimen en sus genes. Estas reacciones, si alguna vez tiene cachorritos, las heredarán de su padre mejorando la raza. Los perros son muy emocionales; si te das cuenta, ellos expresan sus emociones con el cuerpo y los gestos. Cuando están alegres se agitan y emiten diversos sonidos. En esos instantes no ladran, necesitan expresar lo que sienten y muchas veces emiten sonidos silbantes, incluso chillan de alegría y se orinan no pudiendo reprimir sus intensas emociones. Algunos emiten sonidos como si hablaran realmente.

—Eso le pasa a «Seni». Si hemos pasado algún tiempo sin verla, su recibimiento es magistral: chilla, salta, corre, se orina... y si le decimos cosas con mucho afecto emite unos sonidos como de un placer intenso, que no soporta. Es semejante a un orgasmo. Se vuelve loca de placer y tiene que chillar y revolcarse y al final se orina como consecuencia de su descomposición emocional. «Seni» también se porta de esta manera con las personas amables que la corresponden con afecto. Capta los sonidos de las voces con una fidelidad extraordinaria. Las emociones alegres la estimulan y en cambio permanece pasiva y expectante si se muestra indiferencia por ella; pero si halla respuesta, reacciona a esos estímulos externos entregándose a la reacción que producen sus emociones.

—Las diversas emociones y sensaciones producen en los seres humanos y en los animales gestos usados involuntariamente bajo la influencia de diversos estímulos emocionales. Todo movimiento o cambio de cualquier parte del cuerpo: que un perro menee el rabo, que un caballo ponga atrás las orejas, que las personas encojan los hombros o que los vasos capilares de la piel se dilaten. Todo es expresión de lo que se siente. El perro capta los movimientos con los ojos, escucha los sonidos y junto con el olfato se comunica con el mundo que le rodea. En estos ámbitos es infinitamente superior a nosotros. Cuando nos comunicamos con la voz y los gestos el perro muestra una sensibilidad exquisita para captar los cambios de tonalidad.

—Fíjate en «Seni», qué curiosa es —le dije a Antonio.

Mientras hablábamos «Seni» estaba junto a nosotros subida en un peldaño de la escalera que conduce a la primera planta. Nos miraba atentamente y pudimos comprobar que oía con toda atención los sonidos que emitíamos en nuestra conversación. Cuando me di cuenta de sus reacciones: al abrir y cerrar los ojos; al mover las orejas y su hociquillo... se lo comenté a Antonio y «Seni» nos miró a los dos, primero a uno y luego al otro, y bajó la cabeza como suele hacer ella, en un gesto de mansedumbre, como queriéndonos decir que estaba presente y al tanto de todo, percibiendo nuestras emociones, porque en realidad lo que perciben los perros son sonidos emocionales. Ellos no entienden nuestro lenguaje. Son muy pocas las palabras que pueden comprender además de su nombre, todo lo demás deben ser sonidos ininteligibles. Yo me he parado a pensar muchas veces y debe ser como cuando nosotros escuchamos a una persona hablar en otro idioma: son sonidos teñidos de emoción. «Seni» también emite sonidos teñidos de emoción, porque ella posee también distintos grados de emociones y lo manifiesta de diferentes formas en sus ladridos. Cuando se enfada sale la bestia agresiva encolerizada. Se pone tensa e intenta morder. Lo que peor lleva «Seni» son los calcetines. En el lugar donde duerme siempre hay uno o dos calcetines de Iván, Susana o míos. No intentes tocarlos porque se pone a rabiar e incluso puede morder protegiendo el trofeo que considera totalmente suyo. Y es de su propiedad también el lugar que ocupa: ¡cuidado con tocar el cesto donde duerme!, se pone tensa. Cambia de una forma instantánea, abriendo las compuertas de su adrenalina canina.

Haciendo experimentos con ella he logrado saber su gama de emociones: desde la agresividad hasta la dulzura más primorosa. Si yo le grito y la maltrato con ira, ella desata su cólera como defensa. En su interior biológico hay mecanismos de descarga como defensa ante la agresión. Como en los seres humanos, el odio y la violencia engendran odio y violencia; en «Seni» pasa lo mismo. Pero si paso al otro extremo: a las caricias y mi tono de voz se torna amable y cariñoso, «Seni» se echa en el suelo todo lo larga que es, esperando que le rasque, e incluso me lame agradeciendo mi buen estado de ánimo para con ella.

Asimilación de sonidos y palabras

Entiende multitud de palabras además de su nombre y me lo hace saber con el movimiento de los ojos, o con su cuerpo adoptando diversas posturas y movimientos.

Cuando le pregunto: ¿Quieres *agua*?, mira la jarra que utilizo para echarle agua y su cuenco.

Tienes que tomarte el *pienso*. Esto se lo digo porque es muy tragona y prefiero que se lo coma. Pues entiende lo que es el pienso y mira hacia el lugar donde está su cuenco y después me mira a mí.

Vamos a lavar, y desaparece como por encanto. Pero al ratito va arrastrándose con las patas delanteras hacia el aseo. Tiene verdadera aversión al agua, como todos los perros, pero ella viene porque después del baño le doy una vuelta por el monte. «Por el interés te quiero, Andrés». Se dirige incluso al lugar de la ducha y allí espera, temerosa y valiente, el chorro de agua calentita.

Vamos a la calle. ¡Buf! ¡Se vuelve loca! Al oír *calle* sus orejas y toda su cara reaccionan estirando la piel. Rápidamente se va a la puerta, se sienta y se pone a mirar el collar que utilizamos para sacarla a pasear. La palabra calle es la que más revolución le produce. Al abrir la puerta y cuando no lleva collar, sale disparada como una bala, ladrando, chillando... es tanta la alegría que siente que no tengo palabras para describirlo.

¡Caca no!, y baja sumisa la cabeza y el cuerpo, sabiendo que hizo sus necesidades en la casa, en un lugar inapropiado.

Conoce la gama de sonidos que emitimos desde el aprecio a la regañina y en cada uno de ellos su cuerpo adopta una forma: de relajación o tensión expectante por lo que pueda pasar.

¿Es curioso, verdad? Como todo en la vida, es poner atención para observar lo que ocurre fuera de nosotros. En los perros podemos descubrir un mundo maravilloso y apasionante que vibra al unísono con nosotros.

Las plantas y los animales nos sanan si somos capaces de encontrar la armonía con ellos. Por ejemplo, en los momentos de tensión, cuando discutimos entre nosotros levantando la voz, «Seni» nos ladra, no soporta las estridencias que provocan la ira y los resentimientos. Es curioso verla llamándonos la atención porque hemos alterado su tranquilidad. Porque «Seni» es una perra calmada, sólo se altera cuando nos metemos con ella; si no, conserva una paz envidiable. Todo esto me enseña mucho, y estoy aprendiendo de este animal continuamente. La observo mucho y siempre está atenta a todo lo que pasa. Muchas veces salta de su sitio y se coloca en actitud de espera, en ese momento pienso que viene alguien y efectivamente aparece mi mujer, mi hijo o mi hija. Si vienen en el coche, oye el sonido de la puerta al cerrarse a lo lejos y salta sabiendo de antemano que viene alguien a visitarnos. Nos miramos, y los dos sabemos que en un instante alguien entrará por la puerta. ¿Quién será?, y no cabe duda que es alguien de la familia.

Unas veces se pone del lado de unos o de otros, y con el que esté aliada, a éste no se le puede tocar ni un pelo, porque le pertenece. Mucha veces la tengo en mis rodillas y forma un cuerpo conmigo; si alguien se acerca o le toca se pone tensa en actitud de defensa de lo que posee. «Seni» ciertamente es muy posesiva. La habitación de mi hija Susana es su territorio, ningún lugar de la casa es tan suyo como su cesto y la habitación de mi hija. Todo aquel que entre en ese lugar tiene que fijarse que tiene a

Figura 21.—*Iván y «Seni».*

un testigo observando todos sus movimientos. Sus ojos se desplazan allá donde van las manos. Si tocas algo puede que te ladre para que dejes esa cosa en su sitio. Mi hija se siente orgullosa de tener una maravillosa aliada que no muerde, sólo quiere llamar la atención con sus gruñidos o ladridos indicando que ella es la guardiana y responsable de todo aquello que le pertenece, incluida mi hija.

También hace sus trastadas. Encima de la cama del dormitorio tenemos dos almohadones grandes, un burrito y un muñeco de peluche. Bueno, pues cuando nos vamos y se queda sola en casa, ¡pum!, da un salto, revuelve los almohadones y juega con los muñecos; cuando volvemos está todo revuelto. Ella nos mira y cuando descubrimos el desorden la llamo con voz seria: «Seni», ven aquí... y no aparece. La vuelvo a llamar y por fin asoma a la puerta, pero no pasa. Ven aquí —le indico con la mano que venga—. Pero ella baja la cabeza y nada. Siente miedo. Ya después de insistir varias veces viene hacia mí lentamente y temerosa. Me mira y le indico la cama. Se sienta sobre sus patas traseras y me mira como un niño asustado por la bronca que le estoy echando. No le grito, solo le indico la cama y el alboroto que ha montado. Al movimiento de mi mano como para darle un guantazo reacciona como apartándose para evitar el golpe. En estos momentos cuando observo todas su reacciones pienso que este animal es especialmente inteligente. Cuando hace alguna de las suyas mi voz no se torna desagradable ni pierdo los estribos, sólo me muestro serio y ella lo entiende perfectamente. Le levanto la mano como si fuera a darle un tortazo, pero lo que hago siempre es darle un golpecito en el lomo para que reaccione ante algo que no debe hacer.

Otras veces hace sus necesidades en el salón de la casa y tengo que darle un toque de atención para que no vuelva hacerlo. Tenías que ver cómo reacciona ante mi actitud. Ella sabe que no tiene que hacer sus necesidades en ese lugar y se acerca sumisa; yo creo que deber sentir miedo de mi reacción, incluso así ella se acerca, y para suavizar se sienta y me extiende una de sus patas delanteras, baja el morro y me mira como un niño que sabe ha hecho una travesura. ¿Qué es esto? ¿No es una forma de ser? ¿No es un animal maravilloso digno de amarlo como algo especial? Y se les ama porque no tenemos más remedio que claudicar a sus afectos, rompiendo nuestros duros caparazones. Cuando ya no se cree en el amor, un perro puede despertarnos esta emoción. Cuando en las familias existe el profundo deterioro del desamor, un perro será bálsamo para nuestro sufrimiento y a él irán a parar los afectos que la familia no se entregan entre sí. Si un perro logra hacernos sonreír por su espontánea forma de ser, ya empezó a sanarnos por dentro y por lo menos comenzamos a creer en algo del maravilloso mundo natural. Entendemos que la vida nos ofrece continuamente oportunidades para desbloquear nuestras frustraciones enfermizas e intercambiar emociones, porque no sólo con los seres humanos podemos traspasar nuestros estados emocionales. Cuando empezamos a amar a un perro proyectamos nuestras emociones en él y recibimos como gratificación la alegría que expresa todo su cuerpo. O bien, a lametazo limpio, nos enteramos de que nos quiere. Su alegría nos produce mucha satisfacción e indudablemente nos sana.

Antonio me contó otras anécdotas. Se nos pasaba el tiempo, él con la emoción en sus ojos deseando contarme todas sus experiencias.

—Y los perros de los ciegos, esos sí que son también admirables. A mí me cuentan cada batallita... Porque Madrid es una ciudad muy complicada para ellos y entonces los perros a veces se desorientan y entre un camino u otro, siguen el que no es y a lo mejor el ciego se encuentra fuera de la ciudad, en el campo. De estos casos hay muchos, pero la mayoría de los perros cumplen con su cometido a la perfección. Bueno, tengo que marcharme, el mes que viene vengo otra vez a vacunar a «Guerri», que le toca la vacuna antirrábica.

Nos despedimos.

CAPÍTULO VII

EL JUEGO Y LA COMUNICACIÓN CON EL PERRO ES SALUDABLE Y TERAPÉUTICO

«Seni» fue para mi hija su refugio. Lo estaba pasando mal y esta perra le sirvió para transmitir gran parte del afecto que nos negaba a nosotros, sus padres. Muchos hijos se bloquean emocionalmente con sus padres y sus hermanos, e incluso llegan a considerar su casa como una pensión donde comen y duermen, y no les importan nada las relaciones familiares. Incluso consideran a la familia un estorbo y su propia enemiga, de la que tienen que emanciparse lo antes posible. Son etapas de la adolescencia muy difíciles, que muchos padres soportan estoicamente por amor.

Todos lo pasan mal y les sobrevienen épocas de crisis en las que las familias se rompen sin remedio.

Ingente cantidad de jóvenes enloquecen y se dejan influir por tantísimas atracciones que ejercen los medios de comunicación y las modas. Los estimulantes, las drogas... son una forma de evasión de una realidad que no soportan. Su personalidad en muchos casos se desequilibra y brotan las emociones descontroladas y destructivas. Se vuelven mudos de la noche a la mañana; sólo se comunican con sus amistades, y la mayor parte de las veces se interfieren emociones negativas destructivas entre ellos. Se critican los unos a los otros sin saber el daño que producen. Son como ciegos que caminan hacia el abismo y hasta que maduran, en muchos casos, puede pasar media vida.

En esos estados, un animal como el perro puede ayudar a estabilizar estos mundos distorsionados y desorientados.

El desahogo del juego contribuye a liberar tensiones. Jugar con un perro estimula las emociones y la bioquímica de nuestro cuerpo. En este proceso se desarrollan multitud de funciones que se abren como compuertas estimulantes. Nuestro corazón late incluso más deprisa cuando nos movemos al ritmo que nos impone la energía de este animal. Si es cachorro o muy joven como «Seni», nos pide que juguemos con ella y nos saca muchas veces de estados de tristeza y abandono, para hacernos retornar hacia el mundo de las energías positivas donde podemos curarnos.

Cuando mi hija es solicitada por «Seni» o ella la provoca para que juegue, me sorprende la entrega mutua. El animal ladra, parece que se enfada, pero no es eso, es una demostración de sentirse feliz, como si estuviera riéndose por la felicidad que siente. Y mi hija le habla y emite sonidos y palabras de mucho afecto y ternura: «¡Bonita! ¡Bonita! ¡Preciosa! Ven, ven que te achuche un poquito...», y como un peluche coge a la pequeña «Seni» y la estrecha entre sus brazos. Ella gruñe y mira fijamente a sus ojos. Lame sus manos con sumo cuidado, porque nunca dejamos que nos lama.

Figura 22.—*Susana y «Seni»*.

Si se dejara, con su lengua cubriría toda su cara. Son momentos entrañables de amor que me subyugan y pienso que es indudable que mi hija tiene en «Seni» un ser vivo con el que compartir su vida.

La comunicación de los afectos no solamente se transmite de humano a humano y por las palabras. Los gestos y los sonidos nos comunican con la vida, porque la afectividad es un universo que se transmite en el preciso instante que entramos en la dimensión íntima, ya sea humana o animal. Cuando damos atención y nos comunicamos con el perro por medio de las palabras, las caricias, el movimiento armónico y enlazado del juego, estamos transmitiendo energía, y de la misma forma que damos, recibimos, si el animal es de carácter noble como lo es «Seni». Estos procesos los ignoramos porque, como todo en la vida, nos pasan inadvertidos.

La comunicación humana nos fortalece o debilita si existe falta de afecto o conflicto; sin embargo, los buenos perros nos transmiten casi siempre el lado saludable y noble de su vida.

Podríamos enumerar muchas formas para jugar con nuestro perro donde interviene deseoso e incluso provocador para que corramos con él o le echemos la pelota, la piedra, el palo... para buscarlo y *traerlo*.

Un juego saludable y una experiencia entrañable

Más real imposible. Al terminar la palabra *traerlo* hice la prueba. Bajé al jardín, donde mi hija, imprudentemente, tomaba un sol de enero, en pleno invierno. Le di dos golpecitos suaves a «Seni» en su costado y le dije: «¡Venga, vamos!» Dando saltos de alegría y ladrando corrió hacia el lugar donde estaba la pelota con la que habitualmente jugábamos. Gruñía y ladraba sin parar. Juguetona, corría de un lugar a otro del jardín y cuando le tiré el balón se descompuso en ladridos. La atmósfera vibraba de sonidos y movimientos. Los perros de los vecinos de alrededor ladraron el alboroto. Empecé a corretear con ella y mi corazón empezó a latir más deprisa. A «Seni», con mis manos, le cogía su hociquillo. Ella me gruñía, ladraba y me mordía levemente la mano sin querer morder. Todo formaba parte del juego del desahogo. Aquel cuerpecito regordete me transmitía mucha alegría. Era como un deporte. Le lanzaba el balón y corría ladrando en busca de aquel objeto que le pertenecía. «Seni», siempre tan posesiva, se apropiaba del balón, y su dulce agresividad la compartía conmigo en un perfecto, armonioso y acompasado juego de movimientos y emociones. Mi juego era provocado para sentir y ver mis reacciones físicas y mentales. Del ejercicio empecé a sentir calor. Corrí de un lado para el otro. Saltaba. Daba patadas al balón. Me estremecía por dentro. Sentía cómo se alborotaban mis células, mis hormonas... y cambiaba mi estado de ánimo. Lo más importante para mí era saber, mínimamente, apreciar aquellos ojos que me miraban atentos a mis reacciones y al balón. Porque cuando me doy cuenta del juguete de carne y hueso lleno de vida que está jugando conmigo y percibo un mínimo aprecio, siento el valor que tiene la capacidad para sorprendernos. Cuando me sorprendo, quiere decir que destruyo la ruinosa normalidad que es verlo todo carente de significado. Porque cuando todo se vuelve normal quiere decir que vamos adaptando a nosotros las formas y la vida para dormir o morir, porque en ese preciso instante desaparece de nuestra mente aquello que nos encantaba. La magia y el encanto de la naturaleza la captan sólo hombres y mujeres evolucionados. La sensibilidad es una cualidad humana para poder sondear y ver las causas y los efectos que a simple vista nos parecen normales. La limitada codificación del sentido de la importancia, nos priva de conocimiento, porque en realidad todo es importante. Cuando sentimos que damos más o menos importancia debemos pensar que es sólo nuestra limitada, ignorante y vanidosa apreciación la que disminuye o aumenta la naturaleza objetiva de las cosas. Nuestra mente es como un gran ojo consciente que se cierra y abre en función del poco o mucho conocimiento, y sobre todo, de aquello que nos interese atender. Si mi perra de pronto se transformara en una leona, me asustaría de miedo, porque sus ladridos se convertirían en rugidos y ellos conmoverían mis estructuras bioquímicas y biológicas. Mi percepción sería distinta. Mi apreciación se agudizaría por sorpresa. Un cambio brusco de la realidad provoca en el interior un cataclismo. Muchas veces serían necesarios estos terremotos para espabilar nuestro atontamiento y la dormidera sensible que traen consigo nuestras egoístas sociedades del bienestar, pues no cabe duda que nos convertimos en normales momias vivientes, perezosas e incapaces de reaccionar ante nada.

Seguía jugando con mi perra. La acariciaba y le introducía mis dedos entre sus dientes, para comprobar que en su estado de agitación no me mordería. Ladraba, gruñía, pero todo formaba parte de algo que profundamente no llegaba a comprender: ¿Por qué se comportaba así mi perra? ¿Por qué ladraba? ¿Por qué gruñía? ¿Por qué saltaba de alegría? Digo yo que sería alegría aquello que sentía. Cuando a propósito dejaba de jugar no mostrando interés, se volvía provocadora y me ladraba con todas sus fuerzas para que siguiera el juego con el balón. Creo que existía un cierto estímulo entre el instinto de posesión y el hecho de soltarla. La reacción le producía emoción. Dejamos el balón y cogí un hueso de cuero. Se lo tiré y presta fue ladrando a recogerlo, vino hacia mí como una obligación llamémosle instintiva

Figura 23.—*«Seni», mordiéndome cariñosamente la mano.*

tiva y retenía el hueso en su boca gruñendo, como diciendo: «esto es mío, y si intentas quitármelo te gruño, pero no te muerdo porque estamos jugando y me apetece sentirme así contigo. Es mi hueso, pero me divierte que me lo quites de la boca y lo lances unos metros de distancia. Después me estimula recogerlo y otra vez de nuevo traértelo y sentir que es de mi propiedad. Y me divierte que me lo quites de la boca y otra vez lo lances para que vaya a recogerlo...» ¿Era este el sentido real del juego? Para mí suponía un desahogo y para ella también, dos intereses particulares unidos en una acción estimulante y saludable.

Pensé que ya era hora de jugar para volver a la escritura y «Seni» lo entendió. No hizo falta decirle nada, sólo con mi actitud física comprendió que el juego había finalizado. Observándola me preguntaba el porqué de aquel entendimiento inmediato y silencioso. «Seni» tiene una mirada inquietante, aguda, muy observadora... ¿intuirá la realidad? Es posible.

Susana seguía tomando el sol y «Seni» se tumbó debajo de la silla donde estaba sentada. Noté cómo cambiaba de actitud. Su mirada fija, la cabeza alzada y todo el cuerpo en tensión, me indicaba que había adoptado el papel de guardiana. Ya no podía tocar todo aquello que estuviese en relación con Susana. Hice un intento mirándola fijamente a los ojos. Toqué la silla, y en ese instante me ladró muy agresiva. Ahora no podía meter mis dedos en su boca porque me daría una dentellada. Observándola me maravillaba del funcionamiento de su cerebro para cada situación. ¡Cómo cambiaba su personalidad adoptando distintos papeles! Antes jugaba, ahora defendía a su dueña y nadie se podía acercar a ella. Directamente me fui a la cocina; una vez allí y por el interés de la comida cambiaría de actitud. En seguida vino detrás de mí... ¿en un espacio de tiempo tan corto podría cambiar de una situación a otra? Se sentó y me observaba. Como siempre, preparada para saltar sobre la comida que se cayera al suelo por accidente, o para coger la golosina que le lanzaba

Figura 24.—*Iván, provocando a «Seni».*

al aire a propósito. Pero esta vez iba a hacer una prueba con intención. Mi actitud no había cambiado y la seguía mirando como antes; ella me miraba fijamente. Hice los mismos movimientos anteriores como si todo lo que tenía alrededor no lo pudiera tocar. Y lo entendió. En la cocina no estaba Susana, pero ella recordó su anterior papel de protectora y me respondió con la mirada, la cabeza y el cuello tensos y al más mínimo movimiento me ladraba muy enfadada. Pude comprobar que mi perra estaba continuamente atenta a mi forma de ser y en función de esa forma emocional, ella se comportaba de una manera o de otra. Si una situación le producía enfado, recordárselo con gestos físicos y sobre todo con la mirada y la intención, provocaban una reacción agresiva o mansa.

Normalmente, a «Seni» se la trata con mucho cariño y es una perra que responde emotivamente con afecto. Estas situaciones le producían confusión y alteraban su estilo de vida relajado y feliz. Comprensiblemente dejé el juego y la acaricié para ganármela de nuevo. La abracé, le dije cosas con voz suave y bondadosa y ella emitía sonidos distendidos, sintonizando con mi estado de ánimo bondadoso.

Al observar todas estas reacciones comprendí por qué este tipo de perros buenos se llevan tan bien con los niños y los adultos. Son ideales para la familia y nos sanan, pero también debemos saber que no es un juguete de peluche en el que descargamos nuestros problemas y faltas de respeto. Tenemos que saber que son buenos en la medida que los amamos y los tratamos bien.

Con normalidad nos encontramos con gente que no siente ningún aprecio por los animales, ni sa-

Figura 25.—«*Seni*», *durmiendo.*

ben reconocer que son seres que también deman-
dan dignidad y respeto. Ellos, cuando se sienten
maltratados, también ponen en marcha una maquinaria biológica y emocional para defenderse de
las posibles agresiones. Bueno, algunos, porque
estoy pensando en «Guerri», y ese perro es tan sumiso que se dejaría maltratar sin emitir ninguna
protesta. Eso creo, porque si es tan valiente con
sus enemigos los perros, con un amo agresivo seguro que más de dos veces mostraría sus dientes
para atemorizarlo. «Seni», sin embargo, con un due-

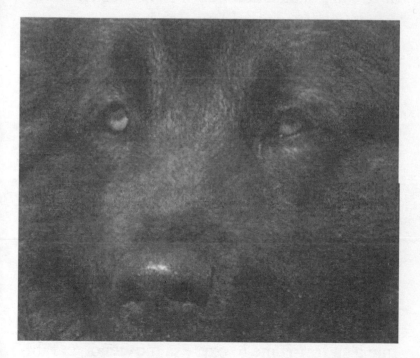

Figura 26.—*Pitbull.*

ño descontrolado e ignorando sus reacciones, podría enloquecer y volverse agresiva y peligrosa. Ella sabe defender su cuerpo y su territorio con muchas ganas, ante la intromisión de los bárbaros, y en esa defensa se desarrollaría su agresividad.

Este animal sintoniza emocionalmente conmigo y con toda mi familia porque le damos mucho amor y ella responde inconsciente e instintivamente en función de ese trato que recibe. «Seni» es una perra de carácter noble y bondadoso muy dada a defendernos a todos en el momento que se siente identificada con alguno de nosotros. Es como si formara un solo cuerpo que tiene que defender de las agresiones externas. Cuando está conmigo y a gusto sintiendo mis caricias, si alguien se acerca le gruñe. Está con todos y contra todos según como se encuentre y el papel que tenga en cada momento. «Seni» es tan pequeña y frágil que es nuestra debilidad por la magia que desprende si recibe cariño.

Es curioso observarla por la mañana. Se despereza. Bosteza abriendo la boca de par en par. Se vuelve a estirar y seguidamente le abro la puerta del jardín para hacer sus necesidades. Sólo le queda por decir: «¡Buenos días!», aunque a su forma me lo expresa moviendo el rabito y todo su cuerpo.

CAPÍTULO VIII

EL PERRO ES EL ESPEJO
DE SU AMO

A estas alturas del libro, una noticia me produce consternación:

«Un perro de ataque mata a un niño de cuatro años en Mallorca.—Un niño de cuatro años murió ayer desangrado en Mallorca, tras sufrir el ataque de un perro de grandes dimensiones mientras jugaba en el patio de su casa. Hay confusión sobre la raza del perro: según la Policía Municipal, era un pitbull; para la Guardia Civil, que se ha hecho cargo del caso, un dogo. A última hora de ayer no se tenía noticia de ninguna detención. En el suceso intervinieron dos perros, uno blanco y otro marrón, aunque sólo uno atacó.

El suceso ocurrió sobre las cinco y media de ayer, en la urbanización de Son Baulo de la zona turística de la playa de Can Picafort, en el término municipal de Santa Margarita, al norte de la isla de Mallorca.

El perro agresor, además de circular suelto y sin dueño, iba acompañado por otro, un boxer. Ambos se encuentran ahora en la perrera, bajo vigilancia veterinaria.

El pequeño fallecido, que jugaba con otros niños, sufrió gravísimas heridas en la nuca, la cara, el cuello, el tórax y en otras zonas corporales, y murió antes de que llegara su madre, que fue quien avisó a una ambulancia y a la policía.

La mujer, María Francisca Vega, al conocer la desgracia, sufrió una crisis nerviosa y tuvo que ser atendida por el médico de guardia de una localidad cercana. También el padre, Miguel Hiraldo, albañil de profesión, tuvo que ser internado sanitariamente al conocer la noticia, que le fue dada por una patrulla de la policía que acudió a buscarle a su lugar de trabajo.

El pasado septiembre, en Las Palmas de Gran Canaria, un perro mezcla de pitbull y stanford, mató a una mujer de cincuenta y tres años. Fueron detenidos dos hermanos que se encargaban del adiestramiento del animal para misiones de pelea y vigilancia.

En diciembre pasado, el Parlamento francés aprobó una ley que refuerza la actuación contra animales peligrosos y, en particular, contra los perros pitbull. El Gobierno francés pretende llegar al exterminio de esos perros de ataque, y se ha fijado un plazo de diez años.

Se calcula que en Francia puede haber entre 10.000 y 20.000 ejemplares. A menudo se han visto implicados en agresiones y accidentes.

El texto legal prevé obligar a esterilizar a esos perros, así como prohibir su importación. El plazo de diez años se ha establecido calculando la vida medio de un pitbull. En Holanda se prohíbe criarlos.»

En la televisión emitían la misma noticia, y la madre del pequeño manifestaba todo su dolor por la muerte de su hijo.

«Les hablamos de una tragedia provocada una vez más por un perro agresivo.

Un niño ha muerto víctima de los mordiscos de un ejemplar de dogo argentino. El suceso ha ocurrido en Mallorca. De nuevo surge la polémica por un perro de presa que "algunos dueños" entrenan para defensa y ataque. Las consecuencias, una vez más, la muerte de alguien, en este caso un pequeño de cuatro años —dijo la presentadora del informativo de TV—. Después una serie de imágenes nos mostraban dos perros de esta raza encerrados en jaulas ladrando, el lugar de los hechos y el domicilio de la familia del pequeño. Mientras una voz en *off* relataba la noticia:

—Tan sólo tenía cuatro años. Francisco Miguel Hidalgo ha encontrado la muerte ayer tarde mientras jugaba en el jardín de su casa. El niño murió degollado tras el brutal ataque producido por un perro, un dogo argentino, cuyo dueño, vecino de la localidad, ya había sido denunciado en repetidas ocasiones. En la casa de Francisco Miguel, las muestras de dolor evidencian la tragedia —dijo el periodista.

—Le pusimos tres o cuatro denuncias, pero nadie nos hizo caso, y mire usted lo que ha pasado con mi niño. A ver si ahora... a ver lo que pasa. Porque mi niño ya... no me lo devuelven ya a la vida— la madre del niño hacía estas declaraciones expresando el terrible golpe con profundo dolor y lágrimas en los ojos. Después continuaba el periodista con voz en *off* sobre las imágenes de los perros y del lugar donde habían acaecido los acontecimientos.

—El dueño del perro asesino se encuentra desde anoche en los calabozos de la Guardia Civil y el lunes pasará a disposición judicial. La madre de Francisco Miguel tan sólo tiene un consuelo...

—Y por no matar a su perro me ha matado a mi niño —volvió a aparecer la madre.

—Y ahora pide que hagan justicia —dijo el periodista que la entrevistaba.

—¡Claro! Que se haga, porque si no, no faltará quien lo haga ¿eh? Eso que quede claro —dijo la madre.

Y siguió la voz en *off*:

—El dogo argentino es un perro de presa que en su país de origen se utiliza para cazar animales. Según los expertos es afable y nunca ataca a los humanos —dijo el periodista con voz en *off*, para pasar seguidamente a la información de un experto de estos animales.

—El dogo argentino es un perro muy sumiso. Es un perro para la caza mayor de pumas y, claro, tiene la posibilidad y la potencia para poder hacerlo —dijo el experto.

Y terminaba el informador:

—Inglaterra es el único país europeo donde está prohibida su cría y posesión.»

La sabia experiencia de un veterinario ejemplar

A primeros de febrero volvió de nuevo a mi casa Antonio el veterinario para vacunar a «Guerri» contra la rabia y hablamos sobre este tema:

—Estas cosas pasan, porque tienen que pasar. Hay gente irresponsable y... —dejó sin terminar la frase. Se quedó pensativo. Lo que sentía se dejaba vislumbrar en su rostro y en sus gestos y prosiguió—: El dogo argentino es un animal que está preparado para pelearse con jabalíes de ciento y pico kilos y con pumas. No es que sea pan bendito. Si es que además, para matar a un niño de cuatro años no es necesario que sea un gran perro. Un pastor alemán también le puede matar. Una persona mayor tiene un poco más de defensa, pero a un niño de esa edad al primer mordisco le mata.

—¡Es horroroso! —le dije sintiendo la muerte de un inocente.

Antonio estaba enfrascado en sus pensamientos y mientras atendía a «Guerri» hablaba de su experiencia y de lo que él sentía.

Figura 27.—«*Guerri*».

—Lo que pasa es que son animales a los que el dueño prepara para atacar, y el animal hace lo que le han enseñado.

—¿Estos animales los utilizan como perros de pelea donde se hacen apuestas?

—En principio es un perro de caza. Yo conozco a varios criadores y he estado con multitud de ellos. Es un perro muy joven. Yo no sé si calculo bien, pero he estado con cincuenta o sesenta perros de ésos y ni se han movido. A mí no me han atacado ni nada de eso. Son muy buenos, muy cariñosos con las personas. Pero ocurre que, si se le enseña a atacar, entonces lo hace. Es como si a un perturbado le das una pistola cargada y empieza en la Castellana a pegar tiros, pues antes o después a alguien le pegará un tiro. Si preparas a uno de estos perros para el ataque lo estás perturbando y además desarrollas un arma mortal en él, en algún momento alguien cae víctima de las enseñanzas agresivas del dueño que lo educó así. ¿Quién es el responsable entonces? El dogo argentino tiene una naturaleza bastante equilibrada y... hay algunos que son demasiado cariñosos.

—Ahora recuerdo que hace unas semanas en el parque me encontré con una señora que llevaba tres perros y uno de ellos era un dogo argentino blanco —en ese momento recordé haber estado acariciando su cabeza y me pareció un animal muy dócil y cariñoso. Me fijé en sus ojos, de un azul claro o algo así. La señora tenía una forma de ser muy alegre y cariñosa, y los perros iban limpios y alegres como ella. Me dijo que vivía con su hijo y que uno de los perros era de él. Se lo estaba cuidando porque preparaba unos exámenes.

—¡Claro!, lo que me parece una tontería es echarle la culpa a estos perros cuando dependen de la forma de ser de las personas. Yo te puedo decir, por la experiencia que tengo, que cuando la persona es normal, el perro es normal; si es tímida el perro es tímido y la persona que es un hijo de p..., pues el perro es un hijo de p... Porque, claro, depende de la gente, lo tengo comprobado. Después pasan estas cosas porque tienen que pasar. Tú preparas un animal para atacar, lo sueltas en la calle y fíjate qué desgracia —Antonio, después de esta frase, volvía de nuevo a centrarse en «Guerri»y me dio una receta para comprar polvos de azol.

—Bueno, pues en las heridas le das primero el *spray* y después los polvos de azol para que las heridas se le vayan cerrando un poco más.

—¿Estos polvos los venden en la farmacia?

—Sí, sí. Los polvos de azol los venden en la farmacia —salimos del garaje donde estaba «Guerri»y después a la calle. Antonio volvió de

Figura 28.—*«Guerri» y «Seni», en el garaje.*

nuevo al mismo tema anterior—: Pues ya te digo, no será el último caso. Hay gente que está preparando a los animales para estas barbaridades y como son personas no muy normales, seguro que no será el último caso, pues los preparan y cuando no sirven les pegan la patada. Son gente que no gusta de los animales. Ellos van a su beneficio y el perro que no vale lo largan. ¿Qué pasa entonces? Pues ese perro, aunque sea malo para las peleas de perros, es un animal que va a dar problemas. Como pasaba en la Alemania del Este con todos los perros que tenían en la frontera. Estos bichos, porque esa es la palabra, estaban preparados para asesinar. Al primero que veían en la frontera intentando escaparse, se lo comían. Estos eran pastores alemanes. Naturalmente, si se buscan los animales más agresivos, los que más muerden, los que más mala uva tienen... pues fíjate lo que pueden hacer esos animales. En realidad no son ellos, como siempre pasa en estos casos; es el hombre el culpable, por haberle transmitido su maldad. Los perros se pueden hacer buenos o malos. Un perro muy malo, con un buen trato se hace manso y muy bueno. Un perro muy bueno, si lo maltratas y le enseñas malas artes agresivas, se hace malo. ¿Por qué? Pues si a tu perro todos los días le pegas una paliza, no sé, pero... cuando vea a una persona extraña le da un mordisco. Hasta que no te enganchan no paran.

—Pero un perro maltratado también puede coger miedo.

—Puede coger miedo, pero también puede ser al revés. Depende del animal: si es apocado, cogerá miedo y se esconderá de las personas metiéndose en el último rincón, pero si es de ca-

142

rácter fuerte, en cuanto vea a alguien se va a por
él. Yo me comporto más o menos igual con todos los perros. Hay unos que me temen y hay
otros que se les ve a la legua que vienen a por
mí. Pero tienes razón: depende del carácter del
animal. Hay que verlo con todo realismo, y desde
luego para las peleas de perros y otros asuntos donde se requiera fuerza bruta, los animales que se buscan son bravos. Para una pelea con otro animal no
busques a «una hermanita de la caridad.»

—Tú que estás todos los días tratando con perros, habrás desarrollado un instinto especial para
percibir el animal que sabes te va a morder...

—Por desgracia, muchas veces me encuentro
con cada regalito en las casas... ¡que tú no veas!
Llegas a un cachorro de tres meses y te puede
morder, pero es que hay algunos que parecen fie-
ras. Y yo le digo al dueño: «Mire, tenga cuida-

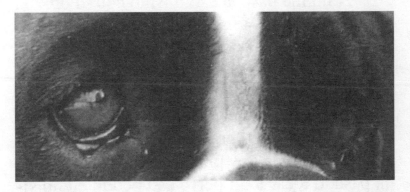

Figura 29.—«*Ponky*».

do con este perro que es peligroso.» «¡No, no!», me dicen. «Bueno, pues allá usted con las consecuencias que puede tener algún día. Yo no voy a convivir con él», pienso yo después. Y muchas veces llegas a una casa y te dicen: «Oye, ¿qué hago con este perro que ha mordido a mi hijo, a mi marido, a no sé quién...? *¿Qué hago con el perro?*» «Oiga, pues... quíteselo de encima.» Pero si me dijeran: «Ha mordido al cartero, a un señor que pasaba...» «Hombre, pues bueno, *tenga cuidado* y cuando venga gente extraña sujételo. Pero, claro, si es el hijo el que tiene que entrar, pues tendrá que hacerlo porque es su casa» «No, no. Si yo lo pongo en tal sitio. Yo no puedo hacer eso», me dicen. Y antes o después el perro se equivocará y enganchará al crío. Al final termina mordiéndole, porque no se puede estar las veinticuatro horas vigilando al perro.

—A mí me pasaba eso mismo con «Ponky», el San Bernardo, ¿te acuerdas? A veces era traicionero. Me acuerdo de un familiar mío, que siempre le acariciaba la cabeza. El animal se dejaba, hasta que un día le dio un mordisco. Menos mal que no fue nada, solamente el susto.

—Con los perros grandes siempre hay que tener mucho cuidado y precaución. Porque ya me ha pasado tocar a un perro estupendo en un sitio que le dolía y tirarme un bocado. Y además desapareció toda la familia. Estábamos cinco con el perro, se revolvió y el único que se quedó solo a su lado fui yo, que me quedé quieto y dije pues bueno, si corro me vas a enganchar y si no corro también; pues me quedo quieto y por lo menos no sudo. Y no me enganchó porque no quiso. Ya te digo, toda la familia desapareció. Yo no sé dónde se metieron... y me quedé con el perro quieto. Al animal, como se le pasó el dolor...

—¿De qué raza era?

—Un mastín. Pero de los buenos, que si te enganchan te hacen daño. Desde entonces, a todos les pongo mi bozalito y que sea lo que Dios quiera.

—Sea pequeño o grande, ¿no?

—A partir de un determinado tamaño ya se lo pongo.

—«Guerri», incluso siendo tan manso, el otro día me tiró un avance, cuando fui a verle la herida. Se conoce que al levantarle la pata le hice daño y el animal tuvo esa reacción.

—¡Claro! El perro, aunque sea muy bueno, te avisa. ¿No ves que no saben hablar?, pues de alguna forma tendrá que avisarte que no le toques ahí donde le duele mucho. Lo más normal es que no tenga intención de morder. Muchos perros no me han mordido. Me han clavado los dientes, que es distinto. Una cosa es morder, que te cojan y tiren para producir desgarro, y otra que te claven los dientes. Pero, claro, tú le haces daño y te avisa echando la boca. Y fíjate, tienen una boca con unos dientes que cortan y si te enganchan, te han hecho una herida. A mí la verdad es que solamente me han mordido un par de perros, pero la mayoría ha sido eso, decirte: «¡Estáte quieto, que a mí me duele aquí, y déjame tranquilo! ¡Es un aviso!»

—Sin embargo, los cocker son una raza muy buena, ¿no?

—Déjate, que también hay algunos que tienen muy mala uva. El cocker es un perro de lo más bonito de estampa, pero del peor carácter. A mí ha sido el único que al cabo de la media hora me ha mordido por detrás. Vacunarle, estar el perro por allí y al cabo del rato, cuando anotaba en la cartilla la fecha de vacunación, ¡zas!, me mordió. Y además sin avisarme, que lo normal en otros perros es que te gruñan. Ya desde entonces le dije al dueño: «Guárdalo, que como me vuelva a morder le muerdo yo a él.»

—Desde luego, muchos de los éxitos de Walt Disney con los dibujos animados los obtuvo gracias a su capacidad para apreciar el comportamiento de estos animales.

146

—Por supuesto. Para mí fue un psicólogo increíble. Cuando observaba a los animales ya sabía por dónde iban los tiros. Hay gente que tiene visión para esas cosas.

—Yo me sorprendo al observar a «Seni», porque emocionalmente es parecido a nosotros los humanos. Desde la máxima bestialidad, que es cuando nos desbordamos echando toda nuestra ira por la boca, a los estados más dulces y tiernos. Con ella en casa tengo la oportunidad de verla en toda su dimensión y ya comprendo por qué el perro es el mejor amigo de la familia.

—Sí, es verdad. Y de todo esto te das cuenta cuando se quiere a estos animales, porque... *una cosa es tener un animal y otra es querer al animal.* Porque tener un animal, lo tienes fuera y no lo aprecias.

—Eso es lo que me ha pasado a mí con «Guerri». Este perro tuvo su sitio siempre en el garaje y no he sabido apreciarlo en profundidad hasta que conocí a «Seni.»

—Al estar fuera, le dices: Hola, buenas y adiós, y ya está. Pero cuando están dentro de casa y convives con ellos, es cuando te das cuenta de las cosas. Mientras que no estás con ellos casi toda la forma de ser del animal pasa inadvertida. Cuando convives con él, tienes la oportunidad de ver las reacciones que tiene el animal.

—No me extraña nada que la gente mayor tenga tanto cariño y aprecio a estos animales.

—Es que tener un perro significa ya no estar solo, porque la gente termina hablando con ellos. Te hacen compañía. Claro, este animal es muy importante, porque los perros entienden y lo más importante es que te puedes compenetrar con ellos. Y sobre todo te hacen mucha compañía. Un animal no es algo superficial e insignificante, como mucha gente se piensa.

—A mí me llama poderosamente la atención cuando comprueban que me entienden. Que le dices: «¡Vamos a la calle!», y se vuelve loca de alegría. «¡Vamos a lavar!», y desaparece, pero vuelve de nuevo, porque sabe que después de lavarla le doy una vuelta por todo el monte. ¡Es sorprendente cómo entienden!

—¡Si es que son como niños! A mí mucha gente que tiene un cachorrito por primera vez me ha preguntado: ¿Y que le hago? Pues mire, si ha tenido niños pequeños, tratarle como si fuera un niño pequeño. Que le duele la barriguita, pues... ¡que tiene algo de digestivo! Y hay cosas que dices: Pero bueno, que es un perro, que sólo le falta hablar. Es que son la leche. Bueno, pues me marcho que me quedan algunos perros por vacunar. —Antonio se dirigió hacia el coche y en ese momento me acordé de la operación de estóma-

go que le habían practicado a su suegro reciente-
mente.

—¡Tu suegro bien!, ¿no?

—¿Qué?

—¿Tu suegro se recupera bien de la operación?

—Muy bien. Parece que ya ha salido de lo
peor. Ya le dieron el alta. Y ahora está con las
molestias típicas de haberle rajado.

—Fue una operación buena, ¿no?

—Sí, ha sido gorda.

—¡Bueno!

—¡Vale!

—Adiós, y gracias por todo.

CAPÍTULO IX

INSTINTO, VALOR Y EMOCIÓN PARA DEFENDER Y AMAR A LA FAMILIA

En mi vida siempre hubo animales, y nunca se me olvidará el rastro que nos dejó a todos aquel perro llamado «Kiki».

Mis padres cuentan así algunas de sus anécdotas. Laureano y Catalina amaban profundamente a los animales. Sentían muy dentro la vida de esos seres que fueron compañeros entrañables a lo largo de su vida y que expresaban sus impulsos internos con sonidos y movimientos del cuerpo.

—A este perrito lo eduqué yo de cachorro en el Repilao, donde se crió mi hijo mayor durante dos años. En la provincia de Huelva. Pues este perro me lo regalaron unos amigos cazadores y le enseñé, tan bien enseñadito que llegaba el animal... porque los perros como son tan... o sea, como les gusta tanto lamer las manos, esto, lo otro... ¿no comprendes?, y el pan. Éstos, como eran tan pequeños, cogía... ¡Se lo comía el perro!, ¿no? o se lo quitaba. Pero aquel perro le cogía y yo le decía: «Kiki», y le decía yo a Mariano: «dale el pan», y claro el animal al principio... se lo comía. Pero, amigo, le empecé a alumbrar... ¿sabes? Anda, coge otra vez... otra vez se lo cogía, pues venga lumbre... lumbrera, porque los animales entran así, ¿sabes? ¡Bueno! Cuando ya se hizo podenco de verdad, grande... un perro así que era blanco... —señala con la mano con respecto al suelo la altura que tenía el animal—, bueno, pues llegaba el animal y le decía yo: «¡Kiki!», le ponía el plato de comida, el pan... lo que fuera, y así, así... Se sentaba y hasta que no se le hacía con el dedo que aquello era para él, no lo tocaba. Y estaban los tres comiendo, o sea los cuatro... (duda) no, los tres, porque mi hija por aquellas fechas no había nacido. Aquel animal no permitía que se acercara nadie a ellos. ¡Qué animal tan extraordinario! Y nunca volvió a comer hasta que no se le permitía —en esos momentos llegó mi madre de la cocina y se puso al tanto de la conversación.

—¿De quién habláis, del «Kiki»? Animalito. ¡Qué pena de perro —la abuela Catalina recordaba con tristeza la muerte tan inesperada que tuvo. Mientras, Laureano seguía recordándolo con emoción en sus mejores años.

—¡Qué animal más maravilloso! Ese era el mejor guardián que tenía la familia.

—Pero si tú vieras de cachorro lo que me hizo. —dijo Catalina—. Yo me hice los juegos de cama. Los bordé a mi manera y le hice cenefas a punto de cruz de ese menudito. ¿Sabes lo que es punto de cruz?

—Sí, sí...

—Bueno, pues... a mí me encantaba tener tenderos de ropa en un corral que teníamos allí grandísimo. Tenían una «tendelera» de sábanas tendidas... ¡de miedo! Porque me pasaba una cosa, como éste andaba al negocio, yo la ropa no la podía lavar como ahora en la lavadora, y cuando lavaba pues guardaba una montonera que daba miedo. Tenía yo qué sé la cantidad de sábanas tendidas, y como era un cachorrito y se

Figura 30.—«*Kiki*»

quedaba en el corral, cuando me levanto por la mañana, me doy cuenta que el suelo estaba blanco como si hubiera nevado. ¡Me entró una desesperación...! «¡Ay! —digo—. ¡Trae una escopeta que lo mato!» Había destrozado todas las sábanas. Pude aprovechar trocitos para la cuna y las tiras para vendajes. Fíjate lo que no me haría. Se dejaba colgar y ¡qué destrozo! Me dejó en cruz y en cuadro. No tengo ningún recuerdo de las sábanas de cuando me casé. ¡Me dejó...!

—¡Madre mía!

—Luego, lo más gracioso, cogía la ropa de mis hijos... porque yo tenía una panera. ¿Sabes lo que es una panera?

—Sí.

—Tenía una panera de madera grande allí al lado, un cajoncito y el cesto de la ropa sucia y eso... ¡Pues luego la burra le da por coger y roer la ropa! ¡Lo que faltaba! —hizo gracia y reímos. No esperábamos que la burra también hiciera trastadas de ese tipo.

—Cogía la burra... ¿Te acuerdas de aquella burra?

—¿La «Moína»? —intentó recordar Laureano de qué burra se trataba.

—¡Pero la parda no...!, sino aquella de color ceniza. Aquella bicha que tuviste tan fea.

—¡Ah, la «Vieja»! ¿Sí? —y por fin la encontró.

—La galga aquella. ¡Esa! ¡Qué destrozo de ropa me hacía! ¡Me ponía mala!

—Pues ese animal... pero el perro, eso fue digno... ¡vamos...! —Laureano hace renacer un recuerdo triste. Sus facciones cambian al recordar el ingrato final de aquel animal noble—, me lo mató... me lo mató uno, ¡cago en la mar, mira por...! —Laureano entristecía de pena. Escuchando su voz oía el sonido de su sensibilidad. ¡Qué humanidad tan grande! ¡Qué padre tan bueno y sorprendente era Laureano! Me parecía mentira su voz quebrada por la emoción después de tantos años. ¿Qué significó aquel perro para él? ¿Por qué lo llevaba tan grabado en el fondo de su alma?

—¡Qué perro más maravilloso!, y luego allí en Valuengo lo mató uno que se daba de amigo. ¡Vamos! Creí que era amigo, luego... «¡Hombre que son órdenes! ¡Son órdenes!», me dijo después de haberlo matado. Cuando me dijeron que habían matado al perro, no lo podía creer, fíjate. ¿Te acuerdas, hijo?

—Sí. Yo lo vi hinchado en aquel pinar.

—Disgusto más grande no se podía recibir. Fui a reconocerlo. Lo vi muerto y... ¡fuera! Vi que fue verdad, lo vi muerto... y ya nunca más volví a tener un perro de esa categoría. Se acabó.

—Sí. Luego tuvimos un perro pequeñajo que nos lo regaló el cura de Valuengo —dijo la pequeña Charito.

—Sí, pero yo no lo conocí. Yo me vine en aquellas fechas a Alemania —la muerte de aquel animal tomaba una dimensión sentimental enorme, semejante a la pérdida de un familiar. ¿Por qué se desarrolló en el abuelo Laureano aquella sensibilidad tan grande hacia el «Kiki»? San Francisco amaba a los animales y en profundidad les quería como si fueran hermanos. Laureano y Catalina también habían desarrollado esa sensibilidad tan grande. Los animales eran También sus hermanos.

—Fíjate en Galicia el destrozo que están causando los lobos —Catalina anticipaba la historia del «Kiki» con el recuerdo de los lobos. Un pensamiento que daría lugar a desmadejar todo un encadenado de pensamientos vividos en el pasado. Laureano, mientras, servía unos vasitos de vino de Rioja. El vinillo tenía para él un significado de convivencia y alegría.

—Esto son lágrimas del Señor —decía, mientras llenaba unos vasitos de vino para él, para y para mí.

—No, no... ya no me eches más, que luego me mareo —dije cuando vi que llenaba en exceso los vasos.

—Pero si con un vasito no pasa nada. ¿No veis que son lágrimas del Señor?

—¿Eh? No, no... ya no me eches más que me he tomado tres.

—¿Cómo? ¿Que no? Pero si es que... ¡pero... no! ¿Cómo? ¿Lágrimas del Señor? Entonces ya... yo no sé cómo se llaman, mira... —Laureano daba la sensación de estar bromeando, pero en el fondo se había hecho un pequeño lío.

El «Kiki» y los lobos

—Mamá, cuenta la historia del «Kiki» en la Bazana. ¡Anda! —le dije

—Esa... esa historia sí que la sabe ella. ¡Cuéntala! Cata, ¡anda, cuéntala!

—¡Ah! Este, como tenía negocio, ¿no? Pues... esto fue en La Bazana. Nosotros teníamos allí un «cacho comerzucho» en la lonja, ¿no? Fue cuando terminaron de construir el pueblo; entonces, a todos los trabajadores y tractoristas que había por allí los mandaron al otro pueblo, que se llamaba Valuengo y fue donde nació Charito. Era un pueblo en construcción. Bueno, pues nosotros vivíamos provisionalmente en una casa hasta que hicieran la nuestra. Y por donde ya se terminó el pueblo y estaban pendientes de repartir las parcelas y admitir a todos los colonos y eso... y entonces al pueblo ese iban los trabajadores, pero a la seis de la tarde se queda aquello completamente solo. Se marchaban los trabajadores al otro pueblo y nada más quedábamos nosotros y el guarda allá en la otra punta del pueblo. Y éste, pues tenía que... —Laureano la interrumpe.

—Y en los cortijos que había al lado, que había muchísimos A doscientos metros, a medio kilometro...

—Como iba diciendo... y éste se tuvo que echar al negocio porque aquello ya no tenía el ambiente suficiente y se marchaba ese día a... (recuerda) Fregenal de la Sierra, al negocio de la chacina. Y entonces dice: «Mira, no sé cuántos días estaré fuera, yo procuraré estar lo menos posible.» (Por aquel tiempo estaba de ocho meses de Manuel, su tercer hijo.) Y resulta que, a las seis de la tarde, como se quedaba aquello solo, pues... a mis hijos los llamaba yo para recogerlos y cerrar ya la puerta. Como era invierno se hacía de noche muy rápido. Aquello me imponía... porque todas las casas estaban vacías, ¿no? Pues... decía: «¡Marianín...!», y oía mi voz en todas las casas. Oye, cuando veo las películas esas de miedo, se me recuerda aquello. Así que ya con miedo los llamaba, o por señas, ¡porque se oían los ecos! Parecían estas casas, de cuando la guerra, que se quedaba todo destruido y en silencio, y también se oía el eco. Bueno... ¡aquello imponía! Bueno, pues los recogía ya... y yo tenía siempre preparada una escopeta. Éste me tenía dicho: «Tú nada más que sientas lo que sea...», y la Guardia Civil, que pasaba por allí, siempre eso, me decían: «¡Usted no tenga miedo! Mire, usted cuando se encuentre sola... —porque, claro, ellos conocían la vida nuestra por allí—, usted no tenga miedo, vamos, si le forzaran la puerta o lo que sea, usted pega un tiro y si usted mata a quien sea, no pasa nada;

Figura 31.

saca usted la escopeta por la ventana de la cocina y no le pasa nada. No tiene que abrir puerta ni nada, por la misma ventana esa, dispara usted y... ¡fuera!» Yo la escopeta la tenía siempre preparada. Pues este se iba y el perro lo encerraba yo en el corral. Pero... que las paredes eran de miedo... muy altas. Y como iba diciendo, yo encierro mi perro en el corral y nosotros ya pues dentro de casa. Y allá a medianoche... Yo cuando me quedaba sola tenía la costumbre de acostarlos conmigo. Me acurrucaba con ellos y así yo me sentía más segura. Eso de verlos separados, no sé, pensaba que les iba a pasar algo. Me los acostaba conmigo... Pues allá a medianoche veo que el perro estaba ladrando de una forma poco normal. Me estaba avisando de algo. ¡Ay!, yo me pongo alerta y pienso: ¡Madre mía, quien vendrá, quien será...! Tenía tanto miedo que cogí la escopeta y me preparé, pendiente de que llegara quien fuera. Y estos dos allí acurrucaditos ellos. Y el perro venga a ladrar y ladrar. Y de la ventana donde yo dormía, fíjate, se venía como guardándome... ¡Cómo se saltó aquel perro las paredes del corral y se vino cerca de donde estaba con mis hijos! ¡Yo no sé cómo pudo agarrarse a las puertas y saltar! ¡Yo no sé! Se saltó y se vino a guardarme a mí del peligro. Se puso al lado de la ventana y ladraba y ladraba... A veces me miraba como diciendo:

«¡Aquí estoy yo! Está tranquila», y venga a ladrar y ladrar sin descanso. Y pasaba el tiempo y no terminaba de llegar quien fuera. Mira, pasé una noche que eso no se lo deseo a nadie. Pero nada más que veo entrar la luz del día... yo ya viendo la luz del día ya no me daba miedo. Lo primero que abro es el corral y me veo las puertas... porque yo esperaba que hubieran estado las puertas del corral abiertas... que hubiera entrado alguien... y las puertas estaban como yo las dejé. Y este perro... ¡Ay, Dios mío!, ¿por qué habrá estado ladrando toda la noche? Bueno, pues abro el comercio y empieza a venir gente. Y ya digo, hay que ver. ¡Qué noche he pasado! El perro ha estado toda la noche ladrando. Por aquí ha habido gente y yo no he podido ponerme en pie si el perro ha sido el que no me las ha hecho arrimar a quien sea, o qué ha sido. Cuando empiezan a llegar los pastores que iban allí a comprar y dicen: «¿Sabe usted lo que ha sido? Un grupo de lobos de miedo.» Cuando me doy cuenta, y por la misma puerta, porque la acequia la teníamos muy cerquita, por donde pasaba el agua... y allí, mira, la cantidad de pisadas que había. A una pastora le habían matado ¡qué sé yo cuántas ovejas...! Y en el cortijo de Guzmán... de becerritos y eso que tenían le hicieron un buen destrozo. ¡Yo las pasé canutas aquella noche! No me quiero ni acordar.

Catalina daba por finalizado su relato. Todos comprendimos las penalidades de aquellos tiempos y el sentido que tuvo el «Kiki» en nuestras vidas. Entendimos el sentimiento tan profundo que albergaba Laureano por aquel animal. Era verdadero amor porque se unió a la intimidad emocional de todos los miembros de la familia, como un protector de pleno derecho, a defender aquello que consideraba suyo. Así son los perros, esos animales de compañía que se adaptan a nuestras costumbres y llegan a ser uno con el nécleo familiar. ¡Cuánto nos enseñan estos animales! Y sin embargo, son considerados por las mentes vulgares y ordinarias como «animales» en un sentido simple y peyorativo de la palabra.

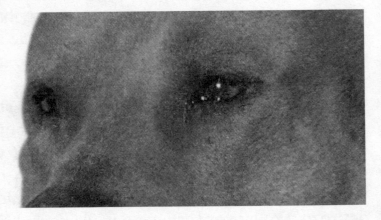

Figura 32.

Laureano y Catalina sabían comprender el valor de los animales en profundidad y los trataban con mucho respeto. Los observaban y sacaban conclusiones, muy gratificantes y aleccionadoras.

CAPÍTULO X

INOCENCIA E INGENUIDAD NATURAL PARA CURARNOS

Nuestra intimidad

¿Habéis pensado alguna vez por qué nos desagrada tanto que nos miren? ¿Será porque nos molesta que invadan nuestra intimidad?

Caminando por la calle hay personas, sobre todo algunos jóvenes y los tímidos, que sienten mucha vergüenza cuando los miran. Una persona extraña nos impone y tenemos que adaptarnos a èlla, y hasta que no la conocemos no nos sentimos confiados, y eso si es una persona cariñosa y amable con nosotros, porque si es de otra forma nunca tomaremos contacto con ella. Sin embargo, los niños y los perros no son molestos si nos miran e incluso si nos acercamos a ellos, si perciben que somos nobles, rápidamente conectan con nosotros. ¿Por qué es esto así? Yo tengo mi propia teoría: nosotros, los seres humanos adultos, hemos desarrollado un complejo mundo emocional y nuestros pensamientos tienen un poder inmenso que ignoramos. Ese poder nos está condicionando por las profundas sugestiones que provoca en nosotros y en los demás. Detrás de una mirada puede haber una crítica empapada de resentimiento infundado. La gente piensa mucho, se hace ideas y normalmente no es bueno todo lo que pensamos. Discriminamos mucho y sometemos a los demás a nuestro propios juicios, que sólo son elaboraciones desmesuradas de cerebros distorsionados. Detrás de una mirada puede haber un enfermo que nos esté insultando con su racismo. Una mirada invade nuestro interior y las personas más sensibles lo detectan.

Detrás de la mirada de un niño o un animal sólo hay limpieza de pensamiento. Una mirada de un niño o de un animal no nos atemoriza; en cambio nos da alegría poder conectar nuestras emociones nobles ya que ellos no piensan de nosotros nada. ¡Qué hermoso y saludable es que un niño o un perro te acepten en su mundo virginal! Yo lo he experimentado muchas veces y me doy cuenta de que es otro paraíso perdido por la humanidad al hacerse adulta y estúpida. Las modas, las elites, los estilos de vida, la educación... sólo nos desvinculan del paraíso del silencio mental. Sólo nos crean la insalvable deshonestidad para con nuestros semejantes. Un perro, con su silencio, nos da la oportunidad de estar con él a gusto y en paz, sin trampas ni hipocresía. Ellos son como son y no podemos temer sus conjeturas porque transfieren lo que sienten sin prejuicios ni embustes, sin críticas ni melodramas... Una mirada de un perro amigo es fidelidad o te pide que le des caricias, o un trozo de pan... sólo por entregarte su vida a cambio.

En ellos hay un movimiento continuo de atención concentrada. Atentos a las caricias, a la comida que pueden conseguir; atentos a las palabras, y sobre todo, por aquello que entienden: palabras como salir a la calle las entienden a la perfección levantando las orejas y saliendo disparados como una bala hacia donde

Figura 33.—«*Guerri*» *atento*.

está la puerta de salida. Observan, huelen moviendo su hocico, oyen... La vida de los perros, si nos damos cuenta, es disfrutada mucho y mejor que nuestra vida, triste y desgraciada desde la infancia. Un perro no forma el griterío ni molesta tanto como todos nosotros cuando somos pequeños.

En los perros nos podemos ver a nosotros mismos. El tiempo que tuvimos en mi familia a «Ponky» y a «Guerri»los observé detenidamente y vi claro el aspecto animal que llevamos dentro. Nuestros territorios, nuestras formas encolerizadas de defenderlos; ladramos como ellos a los extraños y nos mostramos sumisos cuando nos interesa. Es un juego que la propia naturaleza ha utilizado sobre todo en los mamíferos. Sus cerebros asocian los sonidos con las acciones.

¿El mundo realmente está loco y necesita de toda la naturaleza para curarse?

No soy yo sólo el que opina que el mundo está loco y necesita de la armonía natural: de los animales, de las plantas, del sol, del aire... para equilibrarse. Muchos hombres y mujeres son conscientes de las consecuencias que trae la deshumanización. Han intentado representar el desarrollo emocional, observar los diferentes estilos de vida, evaluar la cualidad de los observables y varios fenómenos emocionales tales como la dicha (Schultz); la soledad (Moustakas); el valor (Tillich); el aislamiento (Sartre); el amor (Fromm); la autorrealización (Maslow), y la muerte (Kubler-Ross)

El texto siguiente confirma mis *análisis* y opiniones:

«No cabe duda que la mayoría de la gente no es feliz por circunstancias de la vida o porque ignoran los factores que pueden contribuir a sentirse mejor. Las estadísticas de salud mental muestran un alarmante incremento de pacientes en los hospitales mentales y en clínicas de tratamiento ambulatorio. Uno de cada siete seres humanos requiere tratamiento psicológico antes de llegar a su edad mediana. Los niños y los adolescentes entre cinco y diecinueve años tienen algún tipo de problemas emocionales. Algunos reciben cierta ayuda, pero a la mayoría se les deja que se las apañen como puedan.

Cincuenta mil hombres y mujeres se suicidan cada año en Estados Unidos. Por cada caso consumado hay entre ocho o diez intentos. Esta cifra crece a un ritmo inquietante. En el pasado, el grupo de población con suicidios más numerosos se situaba en el grupo de edad de mayores de sesenta y cinco años; pero, alarmantemente, el grupo en el que ahora se registra un mayor aumento de casos es el de los adolescentes más jóvenes. Los índices de divorcio han alcanzado tal nivel, que el matrimonio moderno no es nada más que un fenómeno social de tanteo, sin significado para muchas parejas. En algunos estados norteamericanos, los índices de divorcio exceden ya a la tasa de matrimonios.

Los malos tratos a los niños se han convertido en una epidemia, y constituyen la causa principal de las hospitalizaciones en la infancia. No es frecuente oír que los padres golpean a sus hijos hasta causarles traumatismo craneal, dejarlos ciegos, quemarlos con cigarrillos, escaldarlos en agua hirviendo o que han cometido toda clase de crímenes atroces. Aunque a mi edad no deberían conmocionarme tales hechos, no puedo evitar asombrarme y preocuparme. La mayoría de la gente incluso si las circunstancias son positivas tienden incluso a faltarse el respeto a ellos mismos como personas. Por lo general, se desagradan a sí mismos y desprecian el lugar donde se encuentran, y elegirían, si pudiesen, ser otra persona y hallarse en distinto lugar. Se muestran suspicaces respecto a los demás, así como esquivos hacia su propio ser, al que mantienen firmemente enterrado, aunque sean penosamente conscientes de su presencia. Temen los riesgos, carecen de fe y se mofan de la esperanza como si constituyese un desatino romántico. Parecen preferir vivir en constante ansiedad, miedo y lamentaciones. Están demasiado asustados como para vivir en el presente y arrastran la miseria del pasado; son demasiado clínicos para mostrar confianza y demasiado suspicaces para amar. Murmuran negativas y amargas acusaciones y echan la culpa a un inclemente Dios, a unos padres neuróticos o a una podrida sociedad por haberlos colocado en un desesperante infierno en el que se sienten inermes. No son conscientes o no desean aceptar su potencial, y se refugian en sus propias limitaciones. La mayoría de ellos matan el tiempo, como si les fuera a durar siempre, y jamás parecen buscar soluciones constructivas para su miserable situación.

LEO BUSCAGLIA

Evidencias

En conversaciones con la gente he oído decir que no confiaban en ningún ser humano porque somos todos una enfermedad semejante a la peste contagiosa. Estas personas eran seres solitarios que se rodeaban de uno o dos perros.

—Éstos sí que son nobles; si no llega a ser por ellos a mí me encierran en el manicomio —decía Pepe, un jubilado—. En mi casa tengo dos perros, un gato y dos canarios que cantan por soleá. ¡Cómo cantan esos bichos y cómo reaccionan cuando les miro! ¡Cómo me gustan los animales, amigo mío! Ellos me curaron de mi maldito pesimismo por culpa de la mala gente. Yo era un endiablado frustrado, obsesionado por lo malos que somos todos los seres humanos. Pero fíjate, cuando me encontré con «Nero», un Terranova que encontré en la calle, no sabes lo que sentí. Al principio le miraba confuso. Un perro tan grande y hermoso, ¿cómo era posible que estuviese perdido? Yo creo que me olisqueó y se dio cuenta de mis reacciones. Sentí que tenía que cuidarlo y me lo llevé a casa, le di de comer y desde entonces no sé lo que me pasó por dentro. Soy otro. Y si te digo la verdad a mí no me gustaban los animales, pero fíjate, chico, se me desbloqueó esa vena y ahora soy un amante de estos bichos. Tengo con qué entretenerme y sobre todo les quiero: ¡Que eso es una satisfacción muy grande...! Yo no soy nada si no siento afecto, ¡joder! Por eso estaba yo enfermo, porque no quería ni a una puta rata. Siempre pensando mal de todo el mundo. Yo sé que la gente es muy mala... bueno, habrá de todo —rectifica— pero ya no me importa, me he olvidado por completo de tanto lío y de tantas tristezas como tenía, y todo por haber encontrado mi camino hacia los animales. Los perros me ayudan mucho a vivir. ¡Ay, si no fuera por ellos! —Esteban se emocionaba. Era un hombre muy maltratado por la vida. No tenía familia. Como mucha gente, se aisló, no pudo soportar la hipocresía y dejó de confiar en la gente—. ¡Lástima que yo sea también un humano!, porque me avergüenzo de mi especie —esta frase la repetía insistentemente, como una obsesión.

Como Esteban hay muchos hombres y mujeres que se olvidan de sus semejantes y se refugian en algo en que poder confiar, porque el hombre y la mujer no pueden vivir recluidos en su soledad, tienen que expresar lo que sienten de una forma espontánea con todo el significado que les da la existencia.

CAPÍTULO XI

EL ADIESTRAMIENTO

Existen muchos niveles de adiestramiento canino, pero sobre todo debemos mencionar el de carácter fundamental o básico. Tras éste, sigue el de participación en competiciones, el de obediencia en grado superior, que incluye el de seguimiento de pistas y distinción de olores y sabores, el de guarda o técnicas de ataque, y este ultimo es parte fundamental de la preparación básica a que se someten muchos perros importados, en especial el pastor alemán, provenientes de su área original, en la que dicha preparación recibe el nombre de adiestramiento para la protección. Cabe considerar, asimismo, los aspectos de carácter muy especial que lleva implícitos la preparación de los perros de caza, así como la de los destinados a guarda de rebaños, a labores policiacas, a actividades militares, a arrastre de trineos, a mostrar habilidades circenses, a cometidos de salvamento, a servir de animales de tiro o para labores de vigilancia, y a actuar como guías para ciegos. Hacemos mención de estos *últimos* aspectos de la preparación canina meramente para destacar hasta qué grado puede llegar el adiestramiento especializado. Pero lo importante es que nuestro perro sea un ciudadano canino óptimo, cuyo comportamiento resulte impecable en nuestro hogar, en nuestro coche, en la calle y cuando vayamos de visita.

La importancia del adiestramiento

Lo importante del adiestramiento, elemental o avanzado, es el control, el cual se consigue mediante el dominio sobre el perro a través de un condicionamiento de los reflejos del animal, lo cual significa modelar sus reacciones a los estímulos externos. Por ejemplo, si llamamos a nuestro cachorro hambriento con un «bip, bip» cada vez que vayamos a darle de comer, lo condicionaremos de forma que acudirá a nosotros para recibir comida al asociar este acto con el sonido que acompaña a nuestra llamada. Más adelante, cabe eliminar la comida, pero la reacción del cachorro ante el «bip, bip» resultará provocada por sus reflejos condicionados y acudirá corriendo con el mismo entusiasmo de antes, cuando recibía comida como recompensa.

Una vez hayamos conseguido este control sobre nuestro perro, podemos, si así lo deseamos, pasar del adiestramiento básico al avanzado o especializado en cualquier campo. Los únicos límites por lo que respecta a aprender, siguiendo un proceso adecuado, son los que en concurren en el aspecto mental, físico o genético, ya que ningún ejemplar de cualquier raza se halla dotado de forma que pueda asimilar los conocimientos inherentes a todas las ramas activas del adiestramiento especializado.

Por supuesto, no son muchos los poseedores de perros que cuentan con las calificaciones o la experiencia necesaria para adiestrar a un ani-

Figura 34.—*«Guerri»*.

mal que sea capaz de llevar a cabo labores altamente especializadas, pero cualquier poseedor de un perro puede impartir a éste, y de hecho es su deber hacerlo, el adiestramiento necesario para asegurar su buen comportamiento y una conducta educada. Un perro que carece de control puede convertirse en una molestia, e incluso en una amenaza que se traduzca en disgusto y aflicción para su poseedor y en una tragedia para sí y para los demás.

La coherencia y la firmeza son elementos afines al control y con este trío de virtudes (control, coherencia y firmeza) asentadas en nosotros mismos, podemos estar seguros de alcanzar el éxito en el adiestramiento. Mostrémonos firmes y coherentes, e insistamos en que el cachorro obedezca una vez sepa lo que esperamos de él. No debemos permitirle jamás que realice una acción contraria a nuestros deseos.

Otros elementos de importancia en el adiestramiento son: mantener breves los períodos de adiestramiento, de diez minutos en los primeros momentos, y prolongarlos a medida que vayamos avanzando, pero nunca más allá del instante en que nuestro cachorro o nuestro perro se muestra nervioso y pierde interés; valernos de palabras enérgicas, breves y claras, para dar las órdenes y preceder siempre todas ellas con el nombre del perro para captar su interés de inmediato; considerar el período de adiestramiento seriamente y tratar de programarlo de forma que coincida con un momento específico todos los días en que no se produzcan interrupciones externas; regañar a nuestro cachorro cuando no obedezca y alabarlo y premiarlo cuando siga nuestras indicaciones.

No debemos mostrarnos partidarios de medidas drásticas en la disciplina. Si nuestro perro nos quiere, es medianamente sensible y cuenta con un cierto grado de inteligencia canina, podremos adiestrarlo si seguimos las instrucciones de adiestramiento.

Si, por el contrario, no posee los atributos mencionados; si no siente simpatía o no muestra interés hacia nosotros; si es lento de comprensión y carece de capacidad de reacción, entonces lo conveniente es desprenderse de él y adquirir otro perro, pues intentar adiestrar un animal así requeriría la paciencia y la perspicacia de un santo, y con ello no nos referimos a la raza de San Bernardo.

El castigo físico directo sólo debe aplicarse en una sola y única situación: cuando nuestro perro, en forma voluntaria y malintencionada, muerda. En tal caso debe ser castigado de inmediato y en forma drástica, y hacerle comprender que este acto que ha cometido no será tolerado ahora ni nunca. El castigo físico como sistema general de punición debe evitarse. Nuestro perro nos quiere y desea complacernos, y es lo suficientemente sensible ante nuestros diferentes estados de ánimo como para saber, según el tono de nuestra voz, cuándo estamos disgustados. Riñámosle de palabra cuando no se porte bien y utilicemos la alabanza y la recompensa cuando se porte de un modo correcto. Evitemos el uso de papel enrollado (el cual no duele, según afirman la mayoría de quienes son partidarios de este método, pero asusta mucho debido al ruido que hace), escobas, látigos, correas, la mano o cualquier otro medio que podamos imaginar para golpear como medio de castigo. Nuestro perro quizá reaccione negativamente, más adelante, a este proceder. Si golpeamos a nuestro perro con la mano, quizá se vuelva temeroso al menor movimiento que hagamos con ella; un periódico enrollado puede que acabe convirtiéndose en el motivo para que eventualmente se muestre agresivo contra el repartidor. También mostrará inclinación a correr y a esconderse cuando alguien barra el suelo si utilizamos una escoba para golpearlo; y, en cuanto a la correa, aparecerá ante él como algo de lo que conviene apartarse.

El adiestrador

Examinemos ahora a la persona que entrena y a su alumno para ver si unas cuantas observaciones pertinentes pueden resultar de ayuda en el programa de adiestramiento que se va a iniciar. Nosotros, en nuestra calidad de adiestradores, queremos al perro y por ello nos mostramos inclinados a ser algo tolerantes. Si es así, jamás conseguiremos los resultados apetecidos. Hagamos que nuestro perro lleve a cabo cada ejercicio de forma exhaustiva, y recordemos que para alcanzar este resultado deberemos mostrarnos consecuentes. A tal fin, no se puede omitir ninguno

Figura 35.—«*Guerri*».

de los movimientos encaminados a la preparación del perro, y hay que pronunciar las diferentes voces de mando de un mismo modo cada vez. Por ejemplo, no debemos llamar a nuestro perro diciendo: «Pipo, ¡ven!» durante una sesión de adiestramiento para pasar, en la sesión siguiente, a: «Pipo. ¡aquí!, y esperar que el animal nos comprenda y lleve a cabo la acción con presteza y sin vacilación alguna. La incoherencia no hace más que confundir al animal.

El factor más importante de todos, como ya se ha dicho anteriormente, es el control. No obstante, para conseguir que sea de carácter completo sobre nuestro perro es preciso que primero hayamos alcanzado un control absoluto sobre nosotros mismos. Si durante el adiestramiento perdemos la paciencia, también perdemos con ello el control. Gritar, repetir con exceso, reñir de modo enfadado, mostrar enojo que se traduzca en castigo físico y exasperarse en grado acusado, no da otro resultado que el de confundir a nuestro alumno canino. Si no obedece, ello supone que la lección no ha sido aprendida del todo o que el perro se ha asustado ante nuestra forma de comportarnos. Lo que necesita es recibir enseñanzas, no castigos. Y nosotros, por nuestra parte, necesitamos tomar muy buena nota, y además ejercer un estricto control sobre nuestras veleidades temperamentales. El tiempo dedicado al adiestramiento debe ser tomado en serio, pero sin dejar de resultar agradable y constituir un momento de fácil comunicación entre nosotros y nuestro perro; un momento en que se establezca una relación que venga a intensificar la comprensión y convierta el espíritu de compañerismo mutuo en un placer cada vez mayor.

El alumno

Evaluemos ahora la presunta inteligencia del alumno, así como su carácter y los rasgos caninos. Su visión no es tan aguda como la nuestra, pero se muestra muy rápido en advertir el movimiento. El sonido y el olfato son sus medios principales de comunicación con el mundo que le rodea, y en estos ámbitos es infinitamente superior a nosotros. Debemos establecer comunicación con él, por tanto, a través de la voz y los gestos, y ser conscientes de que se muestra muy sensible a cualquier cambio en la tonalidad y entonación al dar las voces de mando. Por consiguiente, cualquier orden que demos ha de poseer un valor específico en cuanto al tono y responder a su propósito.

La palabra «¡no!», utilizada para reprender, ha de expresarse con un tono seco y poniendo de manifiesto cierto disgusto, mientras que la expresión «¡buen chico!», utilizada como alabanza, debe pronunciarse en un tono suave y agradable. Las palabras, como tales, carecen de significado para el perro; es solo el tono con que se pronuncien lo que queda registrado en su mente.

Todas las palabras que suponen una orden positiva han de pronunciarse en un tono seco y claro, valiéndose para ello de una voz «de adiestramiento» especial que deberemos cultivar para esta labor específica. Antepongamos a cada orden el nombre del perro. La primera palabra que aprende un cachorro es la que corresponde al sonido de su nombre; por tanto, valiéndonos de éste, atraeremos de inmediato su atención y él se mostrará dispuesto a oír y obedecer la orden que sigue a continuación. Por consiguiente, cuando queremos que nuestro perro venga a nosotros y su nombre sea «Tom» damos la orden: «Tom», ¡ven!»

Refiriéndonos de nuevo a nuestro alumno canino, debemos tener presente que el nivel de inteligencia varía entre los perros al igual que ocurre con los humanos. La capacidad de aprender y ejecutar órdenes viene limitada por su inteligencia, así como las facetas de su carácter y su fuerza física. Esto afectará a su predisposición, energía, sensibilidad, agresividad, equilibrio básico y capacidad funcional. Con ello queremos significar que el perro sensible debe ser tratado con mucho mayor cuidado y suavidad durante el adiestramiento que otro animal que lo sea menos. Los perros agresivos deben ser adiestrados con firmeza; si se trata de un animal que posee un defecto físico que dé lugar a que determinados aspectos del adiestramiento le resulten penosos, no cabe esperar que lleve a cabo tales cometidos de un modo voluntarioso.

Como ejemplo de esta última faceta del adiestramiento, podemos valernos de la experiencia de un adiestrador que poseía un perro que mostraba gran predisposición a seguir las órdenes y resultaba de fácil adiestramiento, pero se retraía invariablemente cuando debía efectuar el gran salto. El adiestrador se sentía confuso ante esta extraña conducta y no podía encontrar razón alguna que la explicase, hasta que un día tuvo ocasión de filmar sus perros en acción. Cuando llegó el momento de la escena en que aparecía este animal específico mostrando gran resistencia a efectuar el gran salto, ralentizó la película... y encontró la respuesta a su problema. Los hombros del perro no tenían la angulación apropiada y ello daba lugar, después de efectuar el gran salto, a que las articulaciones del hombro no contasen con la capacidad de amortiguación suficiente, y que el animal diese, invariable y dolorosamente, con su barbilla contra el suelo antes de poder recuperar su equilibrio.

Hasta dónde se puede llegar con el adiestramiento

Existen ciertos límites más allá de los cuales no puede llegar nuestro perro en su adiestramiento, o quizá deberíamos decir más allá de los cuales resulta absurdo tratar de empujarle. Estos límites vienen establecidos por sus normas de conducta determinadas por su herencia genética. Por ejemplo, resulta fácil enseñar a un setter inglés que muestre o señale la caza. Esta es la labor para la cual ha sido adiestrado y, tras este impulso básico de mostrar caza, existen innumerables generaciones de setter ingleses que han sido seleccionados precisamente por esta característica. De hecho, podemos remontarnos a este respecto a la época en que algunos cazadores tuvieron ocasión de ver cómo ciertos spaniels se detenían y señalaban la nidada escondida de aves antes de que éstas alzaran el vuelo. El hombre lo eligió por este rasgo y con ello evolucionaron gradualmente todas las razas de peor muestra.

En la mayoría de las razas encontraremos una genealogía similar, es decir, la selección, por parte del hombre, de determinados rasgos que encaminaron la raza hacia un uso o propósito específicos. No resultaría posible, por tanto, intentar adiestrar un perro faldero para señalar las aves en un terreno de caza o llevar a cabo alguna de las labores propias de un ejemplar de caza.

El perro faldero es un animal que no se encuentra físicamente dotado para ninguna de las labores de caza. Si deseamos adiestrar un perro para que muestre o señale la caza, deberemos ignorar los de caza y escoger entre las razas que han sido criadas durante generaciones para esta tarea específica.

INDICE